杨文秀◎著

英汉语中的隐性礼貌策略研究

A Study of Off-record Politeness Strategies in English and Chinese

南京大学出版社

图书在版编目(CIP)数据

英汉语中的隐性礼貌策略研究 / 杨文秀著. — 南京：
南京大学出版社，2018.12
ISBN 978-7-305-21107-2

Ⅰ.①英… Ⅱ.①杨… Ⅲ.①英语—社会习惯语—研究②汉语—社会习惯语—研究 Ⅳ.①H313.3②H136.4

中国版本图书馆 CIP 数据核字(2018)第 242729 号

出版发行　南京大学出版社
社　　址　南京市汉口路 22 号　　　　邮　编　210093
出版人　金鑫荣
书　　名　**英汉语中的隐性礼貌策略研究**
著　　者　杨文秀
责任编辑　张淑文　　　　　　　编辑热线　025-83592401

照　　排　南京南琳图文制作有限公司
印　　刷　南京鸿图印务有限公司
开　　本　880×1230　1/32　印张 7.125　字数 154 千
版　　次　2018 年 12 月第 1 版　2018 年 12 月第 1 次印刷
ISBN 978-7-305-21107-2
定　　价　65.00 元

网址：http://www.njupco.com
官方微博：http://weibo.com/njupco
官方微信号：njupress
销售咨询热线：(025) 83594756

序

　　杨文秀教授近日完成一部新著的书稿，发来分享。我乐得先睹为快，欣然答应写上几句，权当一序。

　　光阴似箭，日月如梭，转眼已是十六载。记得第一次见到杨文秀教授，是在 2002 年。那时，我刚来南京大学外国语学院工作不久，认识的人并不多。她恰好也在南京大学，跟随我景仰的著名翻译理论家和双语词典学家张柏然教授攻读博士学位。有一天，在张先生的推荐下，杨教授拿着博士学位论文开题报告如约来到我办公室，说要"请教"语用学方面的一些问题。她的博士学位论文涉及学习词典中的语用信息，这一选题在词典学研究领域颇有新意，对拓宽语用学理论的应用也很有帮助。令人欣慰的是，她如期完成了相关研究工作，顺利通过了论文答辩，并得到了专家们的一致好评。此后，我们多次在国际、国内学术会议上相见，渐渐由同行而成好友。

　　面子理论倡导者 Brown & Levinson(1978/1987)在讨论面子威胁行为的策略时提出了五种策略，笔墨主要落在公开礼貌策略（on-record strategy），尤其是其中的积极礼貌策略（positive politeness strategy）和消极礼貌策略（negative politeness strategy）上。他们虽然提及了隐性礼貌策略（off-record strategy），但并未进行系统、深入的探讨。此后国内外学者在介绍经典的面子理论时，也都对隐性礼貌策略关注不够。从隐性礼貌策略的人际交流价值及其广泛性来看，这不能不说是一种缺憾。为此，杨教授在此新著中面向文献中的这个疏漏，基于充分的一手语料，对人际交往中的隐性礼貌策略进行了专门、系统的研究，具有很强的开拓性，是对相关研究问题的及时回应。

依本人愚见，杨教授的这部新作至少在两个方面的创新值得一提。其一，作者从直接言语行为的主要构成成分出发，推衍出公开面子威胁行为的要素，由此确定了公开面子威胁行为与隐性面子威胁行为之间的分界；同时，基于隐蔽面子威胁行为本身和隐蔽面子威胁行为对象的区分，划分出各种隐性礼貌策略及其子策略。这些策略不是基于单个话轮而是多话轮对话，大大丰富了 Brown & Levinson 最初提出的隐性礼貌策略的内涵。其二，作者没有满足于列举、分析这些策略和子策略，而是从理论上进一步思考了隐性礼貌策略的本质。尤其是，作者比较了 Spencer-Oatey（2000，2002，2008）提出的和谐管理模式（rapport management model）和 Brown & Levinson 的面子模式，发现前者虽然较后者覆盖面更全面，但也缺乏后者所具备的一些优点，尤其表现在隐性礼貌策略的讨论上。为此，作者综合两者的优点，修补了和谐管理模式，提出了更具有解释力的新模式，将隐性礼貌策略看作是交际者在两种相互冲突的和谐取向作用下所采用的一种和谐策略。这一发现对进一步认识隐性礼貌策略的本质大有裨益。

杨教授勤于思考，善于发掘问题，见解颇新。在过去的若干年中,她多次将她的论文初稿发给我,我也很高兴能经常成为她论文的第一读者。此番她再次推出一部力作,在付梓前让我首读,感谢之余也由衷地为她高兴,也为我国语用学研究又添一部新作而兴奋。

是为序。

陈新仁

南京二号新村

二〇一八年九月九日

目　录

第一章

导　论

　　隐性礼貌策略（off-record politeness strategy）这一概念是 Brown & Levinson (1987/1978)（以下简称为 B&L）首次在其礼貌理论（face theory）中提出的，故本章先介绍 B&L 的礼貌理论，然后介绍该理论中与隐性礼貌策略相关的部分。两部分的介绍分为第一、第二小节，各小节中还包含其他学者对相关问题的后续研究。第三节介绍本书的研究目的、研究方法与主要内容。

第一节 Brown & Levinson 的礼貌
理论及其相关研究

Brown 和 Levinson 作为当代礼貌研究的开创者,他们提出的礼貌理论被公认为礼貌研究的奠基之作(Kádár & Haugh 2013:13)。由于其礼貌理论的中心概念是面子,故又称为面子理论。正如 Fraser(1990)所说:"尽管各个礼貌理论均有不足,但面子理论是至今最完整、最系统的礼貌理论,它为研究礼貌必须回答的关键问题提供了最好的构架。"

B&L 礼貌理论的主要内容是:

第一,所有典型人①都有理性与面子,且这一点是互明的(1987:61)。这里的理性指亚里士多德所言的"工具理性",它保证说话人从目的或目标推理到实现目的或目标的方式(1987:64);面子是个人的自我价值或形象,它在与他人交往的过程中可以得到维护或增强,也可以遭到威胁或损毁(1987:61-62)。

第二,面子有两个相互联系的方面:积极面子和消极面子。前者指被人赞同、受人喜欢或尊重等,后者指能自由行事、不受他人指使或强迫等(1987:13,59)。面子具有普遍性,不过在不同的文化中有不同的语言表现(1987:13)。

---

① 即 model person。B&L 用此概念指社会中具有正常语言能力的成人(competent adult member of a society)。

第三,有些言语行为本质上存在威胁或损毁面子的倾向,称为面子威胁行为(1987:60)(face-threatening act,以下简称为FTA)。有些面子威胁行为会威胁说话人的积极面子或消极面子,有些则会威胁听话人的积极面子或/和消极面子(1987:65 - 68)。

第四,为了降低或减少面子威胁程度,说话人会主要依据权势、社会距离、面子威胁行为的强加程度三个因素对面子威胁程度的高低进行理性的综合计算或全面估量,从而选择礼貌策略(1987:15 - 17,71 - 84,91)。

第五,礼貌策略可按其对面子威胁程度的高低分为五种,即公开威胁不调节面子的策略(on record without redressive action)、公开威胁调节面子的策略(on record with redressive action)(再分为积极礼貌策略 positive politeness 和消极礼貌策略 negative politeness)、隐蔽地威胁面子的策略(off record)与不威胁面子的策略(don't do the FTA)(1987:68 - 70)。如下图 1.1 所示,这五种礼貌策略由上往下礼貌程度愈来愈高。由于理性,面子威胁程度愈高时,说话人愈倾向于选择更为礼貌的策略(1987:83)。反之亦然。

第六,积极礼貌策略、消极礼貌策略与隐蔽地威胁面子的策略(亦即本书所研究的隐性礼貌策略)均有不同的语言实现方式,也包含着数量不等的子策略。其中消极礼貌策略包含 10 种子策略(1987:129 - 211),积极礼貌策略(1987:101 - 129)与隐性礼貌策略(1987:211－227)分别包含 15 种子策略。[①]

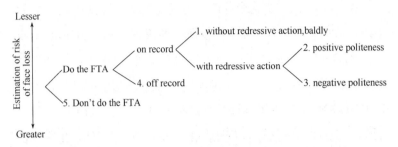

图 1.1　礼貌策略及其礼貌程度层级图(引自 B&L 1987:60)

　　四十年来,B&L 的礼貌理论引起了广泛的兴趣。[②] 该理论不仅成为国内外语用学教材不可或缺的章节(如 Cutting 2002:44－54;何自然、冉永平 2002:118－122;何自然、陈新仁 2004:42－55;陈新仁 2009:129－142;Archer 等 2012:85－87),而且出现了不少研究礼貌的专著、论文集以及大量散见于各著作中的章节、各期刊及其专刊中的论文。它们围绕面子概念所包含的内容、礼貌的普遍性、面子威胁行为、礼貌策略及其影响因素等问题进行了深入的讨论。赞成者、应用者、批评者、修订者,无不有之,极大地丰富与发展了 B&L 的面子理论。总的来说,基于 B&L 面子理论的研究

---

　　① 对公开威胁面子的策略,B&L 只分析了它们可能出现的场合及原因(1987:94－101),没有分析具体的语言特征;对不威胁面子的策略因无话语可分析而没有讨论。另外,B&L 所选用的语料除了英语外,部分还配有泰米尔语(Tamil)和/或泽套语(Tzeltal)译文。前者为居住在印度南部地区的泰米尔人所使用,后者为居住在中美洲的墨西哥人所使用。

　　② 参见 Fraser 2006;Kádár & Haugh 2013:17－35;Leech 2014:33－34,81－84 的评论与介绍。

大致可以概括为以下几个方面[①]：

第一，不同语言文化中的面子观或礼貌观。从现有文献来看，自 B&L 之后，面子研究几乎涉及所有的语言文化。例如，针对汉语文化，Gu(1990)论述了中国文化的面子观，提出了汉语的四条礼貌原则；Kinnison(2017)探讨了中国面子概念中独具特色的三个方面(权势/关系面子、道德/荣誉面子和外在/面具面子)。针对日语，Geyer(2008)分析了不同话语(discourse)中所体现出来的面子观与面子交往(facework)；Ohashi(2013)更为具体地探讨了致谢中所反映出来的礼貌观——借贷平衡。针对阿拉伯文化，Labben(2017)分析了在突尼斯的阿拉伯人面子观中的身份要素。针对非洲文化，De Kadt(1998)探讨了祖鲁语的面子建构。在此不一一列举。另外，还出现了专门研究不同地区如欧洲(Hickey & Stewart 2005)、东亚(Kádár & Mills 2011)、东西方文化交叉地带——希腊语和土耳其语中礼貌问题(Bayraktaro Lu & Sifianou 2001)的论文集。

在此基础上，还产生了不同语言文化之间的对比研究。例如，Sifianou 对比了英语和希腊语在礼貌概念、积极礼貌和消极礼貌策略上的差异，得出结论：希腊语更倾向于使用积极礼貌策略，而英语更倾向于使用消极礼貌策略(Sifianou 1992:2)。除了这类专著外，还出现了多部跨文化礼貌对比研究的论文集，如 Lakoff &

---

① B&L(1987:1-50)已经讨论论过的研究在此不再提及，本研究只介绍 1987 年后发表的成果。由于相关文献丰富，这里只能介绍部分成果。Watts(2003:98-99)也对基于 B&L 理论的研究做了简要介绍；周凌、张绍杰(2015)对面子研究的最新动态做了较为全面的介绍。

Ide (2006)、Ruiz de Zarobe & Ruiz de Zarobe (2012)等,不仅比较了希腊语和土耳其语、西班牙语和德语、西班牙语和法语、俄语和美国英语在一些言语行为上的礼貌策略异同,而且介绍了波兰语、土耳其语、希腊语、巴斯语中一些言语行为的礼貌策略。有关礼貌的对比也在同一语言文化(intracultural)中的不同地域、不同语境之间进行。例如,Placencia & García(2007)比较了西班牙语在美国、阿根廷、乌拉圭等地的礼貌特征,也探讨了这些语言在机构话语和日常话语中的礼貌差异。

第二,影响礼貌的因素。学者们除了探讨权势(如 Locher 2004)、社会关系(如 Tracy 1990,Pan 2000:25-76)对礼貌的影响外,还探讨了身份(如 He & Zhang 2011)、地位(如 Bargiela-Chiappini & Harris 1996)、性别(如 Holmes 1995;Mills 2003)、年龄(如 He 2012,Kariithi 2016)、话题(如 Miller-Ott & Kelly 2017)等因素对礼貌的影响。也有研究涉及不同场合,如 Penman (1990)、Archer(2017)研究了法庭上、Blum-Kulka(1990)研究了日常生活中、Kenny(2006)研究了生意场合的礼貌现象。部分研究还综合了以上某些因素,如 Holmes(2014)研究了工作场景中的权势与礼貌之间的关系;Pan(2000)分析了中国人在商务、办公会议和家庭聚会上的礼貌行为,发现在这三种场合里中国人的礼貌行为表现出不一致性,也讨论了 B&L 提出的三个因素对以上三种场合里中国人礼貌行为所产生的影响。

另外,学者们还研究了不同文本中的礼貌现象,如 Jansen & Janssen (2010)探讨了商务信函中积极礼貌策略的作用。学者们也结合文学作品进行研究,如 Brown & Gilman (1989)、Bouchara

(2009)探讨了英国作家 Shakespeare 戏剧、Black(2006:76 - 79)分析了美国作家 Hemingway 小说中所出现的礼貌策略。此外,还研究了不同媒介如电视广告中所使用的礼貌策略(如 Pennock-Speck & Del Saz-Rubio 2013)。

第三,各种面子威胁行为或/及其礼貌策略。在 B&L 提出的系列面子威胁行为中,致歉、请求及相关指令性言语行为(如命令、恳求)因对礼貌较为敏感(politeness sensitive)受到了后来学者的广泛关注①。例如,Blum-Kulka 等学者(1989)对比了五门语言、三个英语变体②,目的之一是探讨操这些语言的人们是倾向于直接还是间接表达致歉与请求,结果并没有完全证实 B&L 关于话语愈间接则礼貌程度愈高的断言。此外,学者们还研究了拒绝(如 Félix-Brasdefer 2006;Siebold & Busch 2015)、建议(如 Koike 1994)、异议(如 Sifianou 2012;Zhu 2014a,2014b)、提供(如 Koutlaki 2002;Tsuzuki 等 2006)、赞扬(如 Johnson 1992;Yu 2003)、致谢(如 Koutlaki 2002)等面子威胁行为的礼貌策略。

第四,礼貌词语。B&L 分析了敬语、礼貌代词的用法,在此基础上,后来学者探讨了不同语言中的敬语(如 Okamoto 1999)、称呼语(如 Rendle-Short 2010)、礼貌标记语"请"(如 Lee-Wong 1994)③、语用标记语(如 Holmes 1995:86 - 97;Beeching 2002;Aijmer 2013:42)的礼貌用法或其所包含的礼貌信息。

---

① 参见 Leech 2014:136 - 137。

② 五门语言即英语、加拿大式法语、丹麦语、德语、希伯来语;三个英语变体即英国英语、美国英语、澳大利亚英语。

③ Leech (2014:161)将 please 称为 politeness marker,即礼貌标记语。

第五，历时研究。除了以上共时研究外，近年来学者们还从历时视角纵观礼貌问题。如 Culpeper & Demmen（2012）认为：B&L 提出的消极礼貌策略是英国在 19 世纪以后随着个人主义上升逐步形成的。Culpeper & Kádár（2011）通过历史文本或小说作品探讨了不同语言在不同时期所体现出的礼貌特征，如当代早期的荷兰语、中古英语等的礼貌特征，还审视了汉语贬抑/褒扬的变化史。Pan & Kádár（2011）探讨了中国礼貌观的变迁及其政治、社会因素。

第六，新的观察视角与研究方法。鉴于 B&L 的理论是研究者对礼貌的观察与思考，Eelen（2001：76 - 78）、Watts（2003：4）等学者主张区分礼貌$_1$（Politeness$_1$ 或 first-order politeness）与礼貌$_2$（Politeness$_2$ 或 second-order politeness）。他们将前者看作是日常生活中普通人眼里的礼貌，即语言使用者或交际参与者所感受到的礼貌；将后者视为专家学者用于研究的术语，即观察者所认定的礼貌。在此基础上，他们提出了观察礼貌的新视角，认为礼貌研究的对象应该是描述性的礼貌$_1$，而不是规定性、预测性的礼貌$_2$（Watts 2003：23 - 25）。不过，冉永平、张新红（2007：190）对此区分提出了质疑；Kádár & Haugh（2013：3）也认为：完整的礼貌理论应该来自礼貌$_1$与礼貌$_2$的结合。他们还指出：礼貌是一种社会实践活动（social practice），因而需要从时间与空间的维度去观察与描写（Kádár & Haugh 2013：4）。

另一方面，B&L 分析礼貌策略时所使用的实例基本为单个话轮（single utterance），即在话语（utterance）层面。针对这一研究方法上的不足，Eelen（2001）提出了语篇分析法（discursive approach），倡导站在交际参与者的视角在语境中分析长段语篇（longer stretches of talk/discourse）的（不）礼貌问题。此方法被称为 21 世纪礼貌研究中的语篇转向（discursive turn）（Kádár & Haugh 2013：5，36），也被称为礼貌研究中的后现代方法（post-modern approach），得到不少学者如 Mills（2003，2011）、Haugh（2007）的认可与赞同，尤其是以下简介的语言礼貌研究团队（The Linguistic Politeness Research Group）的推崇。

第七，新概念与新理论。由于礼貌研究的兴盛，近年来还出现了新概念、新理论。例如，Culpeper（2012）、Schneider（2012）等主张要以"合适"（appropriate）取代"礼貌"概念。又如，Spencer-Oatey（2000，2002，2008）基于 B&L 的面子理论，提出了和谐管理论，亦称人际关系管理理论。她认为：和谐管理从面子管理、社交权和义务管理、交际目标管理三个方面进行。本书第六章对该理论进行了介绍、评论与修补。

此外，礼貌研究的范围也不断扩大，与之相关的不礼貌（如 Culpeper 1996,2011）、虚假礼貌（如 Taylor 2015，2016a，2016b）受到了关注，甚至过度礼貌（如 Izadi 2016）问题也开始出现在研究者的视野之中。

第八，应用。B&L 的礼貌理论也给传统的语言应用研究增加了新鲜血液，出现了该理论在教学、翻译、词典编纂等方面的应用研究。在二语习得和外语教学领域，出现了专门研究礼貌与教学的论文集（如 Pizziconi & Locher 2015）、期刊论文（如 Kwarciak 1993；Meier 1997；徐英 2003）等。在翻译方面，何自然、张新红（2001）指出了在翻译研究中引进语用学理论的必要性，不少学者如孙致祥(2003)与孙小春、陈新仁(2017)等在此基础上探讨了翻译中的礼貌等值等问题。在词典编纂方面,杨文秀(2005:107)、Yang(2007)探讨了如何将英语的礼貌原则编进学习词典,以提高英语学习者礼貌地运用英语的能力。

此外,还出现了专门研究语言礼貌问题的团队。1998 年,The Linguistic Politeness Research Group(简称为 LPRG)在英国成立(Mills 2011:1-7)。该团队公开宣称赞同 B&L 对礼貌的定义(Mills 2011:2),并将沿着他们的路径继续探讨礼貌问题(Working in a post-Brown and Levinson model of politeness)。该团队倡导使用语篇分析法,还从概念上区分礼貌₁与礼貌₂,区分"非凸显/无标记"的礼貌与凸显/标记性的礼貌。该团队经常性举办会议和研讨活动,还注册了专门网站 http://research.shu.ac.uk/politeness,方便成员在网上交流;2005 年开始发行专门研究礼貌的期刊 *Journal of Politeness Research*。

综上所述,自从 B&L 提出经典的面子理论以来,"面子研究展现出多学科交叉、多理论视角、多层面解读的发展前景"(周凌、张邵杰 2015)。正如谢朝群、何自然(2005:43)所言:"礼貌研究……的迅猛发展在很大程度上得益于 Brown & Levinson(1987)的礼貌模式。"事实上,礼貌研究已经成为语用学的一个重要分支。不难理解,Leech(2014)为何将他的鸿篇巨制命名为《礼貌语用学》(*The Pragmatics of Politeness*)。Kádár & Haugh(2013:34-35)也指出,"礼貌问题已经突破了传统的语言语用学、社会语言学领域,需要用多学科的方法去研究,并从多学科中吸纳见解。但是,无论现代礼貌理论如何发展,第一代礼貌理论尤其是

B&L 的理论,不能看作过时而抛弃,因为不仅语言学、语言教学领域,其他社会科学如心理学、社会学和人类学等领域都在频繁地引用他们的理论。他们提出的理性、面子等思想仍然广泛地影响着后代研究者建构理论";而且,"至今还没有出现与 B&L 理论具有同等影响力的礼貌理论"(Kádár & Haugh 2013:56)。

第二节　隐性礼貌策略及其相关研究

由以上第一节可见,隐性礼貌策略是 B&L 面子理论中的五大策略之一。由于它是本书的中心,故本小节专门介绍隐性礼貌策略及其对后续研究产生的影响。①

B&L 礼貌理论中涉及隐性策略的主要内容有:

第一,隐性面子威胁行为的定义(1987:211):当一个交际行为不可能只有一个明确的交际意图时,就是隐蔽地实施的行为(A communicative act is done off record if it is done in such a way that it is not possible to attribute only one clear communicative intention to the act)。它有别于"在语境中只有一种可接受性理解"的公开策略(on record)(1987:19)。如果在场的交际者都认为某句话只有一个明确的意图,说话人就公开地实施了面子威胁行为,如 I (hereby) promise to come tomorrow 这句话。如果某句话有一个以上的明确意图,使在场的交际者不清楚说话人究竟要表达哪种意图,说话人就隐蔽地实施了面子威胁行为,如 Damn, I'm out of cash, I forgot to go to the bank today 这句话,说话人可能只是想陈述一个事实,也可能是想向听话人借钱。由于至少存在两个意图,这句话隐蔽地实施了面子威胁行为(1987:68 -

---

① 为节省篇幅,下文有时将隐性礼貌策略简称为隐性策略,B&L(1987:19)也将其简称为 off-record strategies,甚至 off record。与此相应,其他类型的礼貌策略有时也省略"礼貌"二字,如积极礼貌策略、消极礼貌策略分别简称为积极策略、消极策略。

69)。

第二,隐性策略用于降低面子威胁程度(1987:60),其礼貌程度高于公开策略(即图 1.1 中的 on record),低于不威胁面子的策略(即图 1.1 中的 don't do the FTA)。换言之,说话人依据权势、社会距离和强加程度三个参数,对面子威胁行为进行估算,对面子威胁程度越高的言语行为,越倾向于使用隐性策略。

第三,公开威胁面子的策略与隐性策略之间的分界线不易划分。一方面,"一些传统的隐性策略如隐喻、反讽、反问等在使用中却是公开的";另一方面,"规约性的间接请求(及其他一些言语行为)具备公开的隐蔽性"(on-record off-recordness)(1987:212)。

第四,隐性策略的理解涉及两个过程——触发机制和推理模式:触发机制很可能是违反 Grice 合作原则的四项准则;推理最重要的前提是保护面子(1987:211-212)。

第五,隐性策略包含 15 种子策略,它们按照所违反的 Grice 四项准则可分为四小类,如下图 1.2 所示。第一类违反关联准则,包含三种子策略,即暗示(give hints)、提供相关线索(give association clues)、预设(presuppose);第二类违反量准则,也包含三种子策略,即陈述不足(understate)、过度陈述(overstate)、同义反复(use tautologies);第三类违反质准则,包含四种子策略,即前后矛盾(use contradictions)、反讽(be ironic)、隐喻(use metaphors)、反问(use rhetorical questions);第四类违反方式准则,包含五种子策略,即模棱两可(be ambiguous)、含糊不清(be vague)、过度归纳(over-generalize)、取代听话人(displace hearer)、省略(be incomplete, use ellipsis)。其中前三类因违反三项准则而产生会话含意;后一类因违反方式准则而表达含糊。

第六,当暗示一类的话语在一定语境中成为公开策略(即只有一种可接受的理解)时,隐性策略或与积极策略,或与消极策略一起出现(1987:19-20)。

第七,隐性策略体现了语言使用的间接性(1987:211),似乎存在一个原则:言语行为越间接,礼貌程度越高(1987:143)。

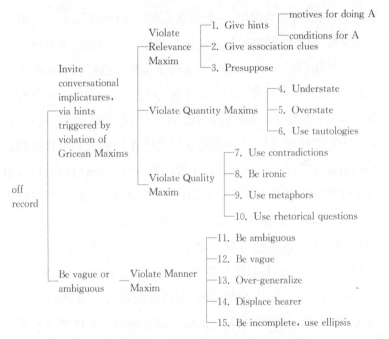

图 1.2　隐性策略分类图(引自 B&L 1987:214)

隐性策略是 B&L 礼貌理论的一个重要组成成分,后来学者对该策略的研究大致可分为以下方面:

第一,隐性策略与公开策略尤其是消极策略之间的分界。B&L多次提及具有"暗示"性质的隐性话语却是"公开的"("hint"-like nature of off-record utterances ... are in fact "on-record")(1987:12,18)这一矛盾,说明要将隐性策略与公开策略区分开来并非易事。由图1.1可见,与隐性策略邻近的公开策略是消极策略,故实际上此矛盾所反映的隐性策略与消极策略之间的分界难以确定。对此,Rinnert & Kobayashi (1999)通过语料分析认为,暗示可分为两类:一类是真正的暗示(real hints),是说话人用来降低面子威胁的、最为间接的策略;另一类是"类似暗示的陈述"(hint-like statements),并非间接策略。他们也承认两者之间尚难以区分,但区分它们很有必要。Ogiermann (2015a)分析了波兰人日常生活中传递物品的暗示性话语,也发现:尽管"暗示"在语境中相当明显,但仍不能说明它们表达请求的意图,所以要判断隐性请求(off-record requests)十分困难。Strecker(1988:155)通过对埃塞俄比亚南部哈马尔语的分析,发现隐性策略常与积极策略、消极策略一起使用,三者并非相互独立。同样,Fraser(2006:72)也认为有必要区分规约性的间接言语行为(conventional indirect speech act)与非规约性的间接言语行为(non-conventional indirect speech act)之间的分界,但没有提出行之有效的方法①。可见,到目前为止隐性策略与消极策略之间的分界仍然是悬而未决的问题。

第二,隐性策略与消极策略的礼貌程度比较。B&L认为隐性

---

① 两者的分界在一定程度上与消极策略、隐性策略之间的分界相关。

面子威胁行为处于公开面子威胁行为与不威胁面子行为之间（1987：20）；与此相应，隐性策略的礼貌程度高于公开策略、低于不威胁面子的策略。为了说明此观点，他们讨论了言语行为的间接性（1987：17 - 21；144），比较了直接言语行为（direct speech act）、规约性的间接言语行为与非规约性的间接言语行为三者之间，尤其是后两者之间的礼貌程度。B&L认为：三者之间由前往后礼貌程度愈来愈高，由后往前礼貌程度愈来愈低[①]。Blum-Kulka等学者（1989：46 - 48）据此将请求分为三类——直接请求（direct requests）、规约性间接请求（conventional indirect requests）和非规约性的间接请求（non-conventional indirect requests）；他们还将第二、第三种分别称为公开的间接请求（on-record indirect requests）和隐性的间接请求（off-record indirect requests，亦称"暗示"），对比了五门语言、三种英语变体中的致歉和请求[②]，结果表明：一方面，部分语言（如希伯来语）倾向于直接表达致歉和请求；在他们所讨论的语言和变体中，直接表达与否和（不）礼貌无关，而是取决于言语事件的整体特征。另一方面，规约性间接请求在所有语言中被视为礼貌的请求，但非规约性间接语言行为（即暗示）只在部分文化中视为礼貌程度很高。另一学者 Sifianou

---

①　以请求为例，直接言语行为如 Pass me the salt 公开实施了面子威胁行为；Dear, would you pass me the salt? 通过称呼语和询问调节了积极面子，使用了积极礼貌策略；规约性的间接言语行为如 Could/Can you pass me the salt? 通过询问听话人的能力降低对其的强加程度，给予听话人一定程度的选择权，使用了消极礼貌策略；非规约性的间接言语行为具有暗示特征，如 The soup's a bit blant，完全不提及所请求的动作 pass，使用了隐性礼貌策略。

②　本章第一节已经提及。

(1992)通过选取文学作品中的语料及从问卷调查中得到的语料，比较了英语与希腊语在礼貌概念、策略上的差异，并分析了原因。在隐性策略方面，该研究得出的结论是：希腊语比英语更倾向于使用隐性策略；典型的隐性策略如反问、省略等在希腊语中大量出现，但这并不能说明希腊语比英语更礼貌(Sifianou 1992：117 - 118)。她后来认为：希腊语中的隐性请求不像英语中那样用于降低对听话人的强加程度(minimizing the imposition)，而是用于给听话人提供(offer)表示大度与关心他人的机会(Sifianou 2005)。总之，这些研究所得出的结论与 B&L 的观点产生了一定偏差。Kádár & Haugh (2013：26)也认为："实际上，间接请求并非总比直接请求来得礼貌，其他言语行为亦然。"Leech (2014：142 - 146)通过例证分析也认为：隐性请求不一定比公开请求所应对的面子威胁程度高(off-record requests should not necessarily be associated with higher-risk FTAs than on-record ones)，他还根据句型将隐性请求分为两类——陈述类与询问类，分别讨论了其礼貌特征及其常出现的语境(Leech 2014：158 - 159)。

　　B&L 还认为，在五类礼貌策略中，不威胁面子的策略即"什么都不说"(don't do the FTA)比隐性策略更为礼貌，也是五类策略中最为礼貌的策略。但 Fraser(2006：79)反驳说：如果有人请你批评他的作品，什么都不说恐怕比隐性批评的礼貌程度低。

　　第三，特定语境、介质或文本中的隐性策略。学者们尤其关注政治语境中的礼貌问题。如 Chilton(1990)研究了政治语境中的礼貌策略，包括隐性策略。他将隐性策略定义为"未明确表达说话人意图的言语选择"，并认为它"大大依赖于预先就有的背景知识和关联原则"。他提出的隐性策略,有些与 B&L 的相同,如预设、反问、反讽、隐喻、省略;有些则不同,如引起的含意(invited implicature)策略。该术语虽然在形式上与 B&L 的引起含意策略(inviting conversational implicature)有些相近,但内容完全不同:前者只包含了一个策略,后者包含十个子策略(如图 1.2 所示)。除了探讨政治语境中的隐性策略外,Chilton(1990)也分析了导致某些隐性策略的原因,如"说话人可能威胁多个交际参与者的面子"。这与 B&L(1987:226)对隐性策略的三个子策略,即"含糊不清""过度归纳""取代听话人"的讨论异曲同工。Chilton(1990)在比较了苏联前总统 Gorbachev 与美国前总统 Reagan 于 1986 所作的政治演讲后得出结论:前者使用的隐性策略多于后者。总之,Chilton(1990)将 B&L 提出的礼貌策略较好地应用于分析政治语境中的话语。另外,Dailey 等学者(2008:156)通过分析 1960 至 2004 年之间的美国总统竞选辩论话语,发现其中的面子威胁程度呈愈来愈高的趋势,但取胜者更多地采用了隐蔽地威胁对方面子的策略。

学者们也对不同介质如电视广告中的隐性策略进行了探讨。Del Saz-Rubio & Pennock-Speck(2009)分析了西班牙语和英语广告中的隐性策略,发现隐性策略在广告中普遍存在,原因是"它能间接帮助广告商传递关于商品及其优点的信息,无须公开直言,就能引导听众推理"。在他们的语料中出现的隐性策略有:暗示、预设、反问、模棱两可、含糊不清。Pennock-Speck & Del Saz-Rubio(2013)分析了英国电视慈善广告中的礼貌策略,发现这些广告对电视观众(即听话人)实施了积极策略、消极策略、隐性策略中的某些子策略。其中的隐性策略包括暗示、提供相关线索、反问与过度归纳。他们得出的结论是：B&L 的礼貌策略很适合分析电视广告。

学者们也对文学作品中的隐性策略进行了探讨。如 Catrambone(2016)通过古希腊悲剧诗人 Sophocles 的作品分析了希腊语中的隐性策略，得出的结论是：隐性策略可用于减轻面子威胁，女性常会使用。Zhan(1992)分析了汉语的礼貌策略与中国文化、汉语语法之间的关系，并通过文学作品中的实例列举了汉语的积极策略、消极策略和隐性策略。在隐性策略中，含糊不清策略的使用最为频繁。Alba-Juez(1995)通过分析不同英语作品中的反讽，得出结论：反讽不像 B&L 分析的那样孤立于其他隐性策略，相反，它可以与暗示、反问等八种隐性策略一起使用。

第四，不同面子威胁行为的隐性策略。部分学者探讨了拒绝(refusal)这个面子威胁行为的策略。如 Félix-Brasdefer(2006)探讨了墨西哥人的礼貌观及其在正式、非正式场合中的拒绝言语行为，结果显示：B&L 提出的影响因素(如权势、社会距离)对墨西哥人的礼貌程度观起着决定性作用；且墨西哥人大量使用(半)固定表达式((semi)-formulaic expressions)及降低面子威胁的多种方式间接、礼貌地拒绝。也有学者比较不同语言文化中的面子威胁行为。如王爱华(2001)调查了英汉拒绝的表达模式，并得出以下结论：语言越间接越礼貌，但并不是所有的间接拒绝言语行为都礼貌；B&L 提出的三个影响因素对拒绝策略起着重要作用，但作用的方式在英、汉语中却不完全一样；除此之外还有其他因素也产生影响；虽然英、汉语都倾向于使用间接拒绝，但汉语比英语要间接得多。Siebold & Busch(2015)对比了西班牙语和德语中的拒绝策略,结果显示:西班牙语倾向于间接地、而德语倾向于直接地实施这个面子威胁行为。

部分学者探讨了不同意或异议(disagreement)这个面子威胁行为,并观察到它存在不同的类型。如Scott(2002)以美国CNN电视台的新闻节目为语料做了定性与定量分析,发现异议可依据显隐程度分为三种——隐性异议(backgrounded disagreements)、显性异议(foregrounded disagreements)和介于两者之间的混合异议(mixed disagreements);并认为它们处于同一个连续体。Geyer(2008:84,86)在分析日语语篇中的礼貌策略时,附带提及了隐性异议。另有学者虽未直接使用隐性异议一词,但也在研究中附带发现了它的存在,如Georgakopoulou(2001)通过语料分析得出结论:希腊年轻人在非正式场合常间接地表示不同意。Robles(2011)分析了英国议员在上议院讨论政事的语料,结果显示:即使在这个鼓励争论的场合,"转弯抹角"地表示异议还是一种恰当的辩论策略。

此外,还有学者在研究中涉及其他类型的隐性面子威胁行为。如Ogiermann(2015b)探讨了波兰儿童在家庭饭桌上做出的请求,发现隐性请求策略反复出现。Webber(1997)发现:世界各地用英语举行的学术会议中存在不少"戴着面纱的"批评(veiled criticism);庄美英(2011)总结了汉语中对言语冒犯进行隐性回击的策略。

除了以上四个方面的研究外,近年来也出现了对包含隐性面子威胁行为的对话所进行的研究。例如,Yang等(2015)以B&L

对公开礼貌策略与隐性礼貌策略的划分为基础,提出冲突话语应划分为显性冲突话语(explict conflict talk)与隐性冲突话语(implicit conflict talk)。前者中包含着公开的面子威胁行为,后者中包含着隐性的面子威胁行为。许艳玲(2017)对隐性冲突话语的类型、特征、运行机制、产生原因等进行了专门研究。

总之,从以上文献来看,现有关于隐性礼貌策略的研究主要存在着以下不足:

首先,B&L对隐性礼貌策略的讨论有三点值得一提。第一点是对该策略没有给出明确的定义。从上文可见,他们所给的定义是"什么是隐性面子威胁行为",并没有对什么是隐性礼貌策略做出定义。因此,本书在B&L的基础上将隐性礼貌策略定义为隐性面子威胁行为所具备的语言特征,或说话人为了隐蔽地实施面子威胁行为而采取的语言策略。第二点是B&L也看到的问题,即他们所提出的15条子策略并不能穷尽所有(1987:21),一些子策略还有待发现。这一点为本研究提供了必要性。第三点是他们没有看到的问题,即15条子策略在分类上存在不一致性。B&L声称隐性礼貌策略是依据违反Grice合作原则的四条准则分类的,其中的暗示、提供相关线索策略违反了关联准则。而根据他们的定义,暗示策略(1987:213-215)指说话人"通过陈述做某事A的动因等提起其所希望听话人实施的行为"(raising the issue of some desired act A ... by stating motives or reasons for doing A)。例如,说话人通过说"这儿好冷啊!"(It's rather cold here)暗示听话人关上窗户,即通过陈述关窗的原因"冷"实施"请求关窗"这个言语行为,采用的就是暗示策略。提供相关线索策略(1987:215)

与暗示策略十分相似,指说话人"通过提及与其要求听话人实施的行为相关之事"(mentioning something associated with the act required of H)让听话人从中推出含意的策略。例如,说话人过去头痛时曾向听话人要过止痛药,这次说话人说"我的头又痛起来了",通过提及"头痛"暗中请求听话人再给些止痛药,这就使用了提供相关线索的策略。不过,此策略与上文的暗示子策略区别似乎不很明显。B&L(1987:216)也承认:在某种程度上,间接请求中的"相关线索"不过是稍微间接一些的具体原因罢了(In a sense, association clues for indirect requests are nothing but more remote hints of practical-reasoning premises)。由此可见,提供相关线索这个子策略不过是更为间接的暗示策略而已。在笔者看来,说话人之所以使用这两条策略,是因为它们所实施的面子威胁行为与实施该行为的原因之间存在着关联;听话人之所以能从这些策略中推知说话人所实施的面子威胁行为,也是因为理解到了两者之间的关联。可见,此两条策略并未违反关联准则。相反,是因为说话人遵守了这条准则,才可能成功地暗示听话人;而听话人遵守了这条准则,才能够从中推知话语所实施的面子威胁行为。从这个意义上看,B&L对隐性策略的分类存在不一致性的问题,因此有必要对隐性礼貌策略重新进行分类。

第二,从后来学者对隐性策略的研究看,研究比较零散,尚未见系统、深入的研究。此外,虽然隐性策略在B&L的礼貌理论中与积极策略、消极策略一样,占有重要地位,不少学者在介绍、应用、评析B&L的礼貌理论中时,却往往只顾及积极策略与消极策略,几乎忽视了隐性策略,这在很大程度上割裂了B&L礼貌理论的整体性。例如,Watts (2003:85 - 116)在评介 B&L 理论时,除了在引用其经典的礼貌策略图(即图 1.1)中可见 off-record 字样外,几乎未提及隐性策略。这种忽视隐性策略的态度在应用 B&L 理论分析问题时也同样存在。如 Brown & Gilman (1989)、Bouchara (2009)分别运用 B&L 的理论分析了 Shakespeare 的四部悲剧和四部喜剧,但均只涉及其中的积极策略与消极策略。虽然从第一篇论文 Politeness Theory and Shakespeare's Four Major Tragedies 与第二部专著 *Politeness in Shakespeare:Applying Brown and Levinson's Politeness Theory to Shakespeare's Comedies* 的标题看,似乎都应涉及 B&L 理论中的所有礼貌策略,但第一篇论文在介绍礼貌策略时就忽视了隐性策略;第二部专著在陈述 B&L 理论的内容时,隐性策略还占有专门一小节,可是到具体分析时却只字不提。又如 Holmes (1995)分析了不同性别在礼貌策略使用方面的差异,各用一章分析了积极策略与消极策略,却未见隐性策略。以上作者在阅读文献时信手拈来的几个例子,在一定程度上代表了一些学者对隐性礼貌策略的态度。在我国的一些相关文献中,类似情况屡见不鲜。由此可见,我们可能没有完整、完全地理解 B&L 的理论,也没有完整、完全地研究礼貌问题,这种片面性不利于深入系统地探讨人类的交际活动。总之,作为交际中常使用的重要策略,隐性礼貌策略没有受到应有的重视。这就是本研究的缘起。

第三节 本书的研究目的、方法与主要内容

从本研究搜集的语料来看,隐性策略广泛地存在于人们的交际活动之中。而关于隐性礼貌策略至少有如下问题亟待回答:一是它与公开策略(on-record)之间的分界线如何划分? 回答了这个问题,就在一定程度上回答了礼貌程度问题,因为这两个问题是相互关联的。二是隐性策略如何分类? 上面已述,B&L在对隐性礼貌策略的子策略分类时,出现了标准不一致的问题,因而需要找到一致的分类标准。三是除了B&L提出的15条子策略以及后续研究中提出的少量策略之外,交际中是否还有其他类型的隐性策略? 四是隐性策略的理据是什么? B&L的礼貌理论认为它们是说话人为了降低面子威胁行为而采取的策略。B&L的礼貌理论经过四十年的发展,已经产生了新的理论,如Spencer-Oatey的人际关系管理理论,即和谐管理理论。那么,从新的理论视角出发,应该怎样阐释隐性策略?

回答以上问题,便是本书的研究目的。针对第一个问题,本书将另辟蹊径,从显性施为句的句法形式出发,观察公开面子威胁行为所包含的要素。由此出发探讨隐性策略究竟隐蔽了哪些要素这个问题,并以此为依据划分公开礼貌策略与隐性礼貌策略之间的分界线。不仅如此,隐性策略隐蔽了几个要素也决定了面子威胁行为的礼貌程度,如隐蔽两个要素的策略一般比隐蔽一个要素的策略礼貌程度更高。这样既可将隐性策略与公开策略区分开来,

又可从大体上比较面子威胁行为的礼貌程度。针对以上第二个问题,即隐性策略的分类标准,本研究建议按照公开面子威胁行为所包含的要素来划分隐性策略。针对第三个问题,本研究不再从单个话轮中寻找隐性策略,而是从经典的影视文学作品入手,从其对话中广泛搜集语料。换言之,本研究拟在更为宏观的对话或语篇层面上发现新的隐性策略。针对第四个问题,本研究从人际关系管理论出发,站在和谐管理的视角审视隐性策略,并阐释其理据。

在研究方法上,本书基于定性的研究方法,这种方法主要体现在两个方面:一、从显性施为句的句法特征出发,观察显性面子威胁行为的要素,分析有哪些要素影响着面子威胁行为是显性还是隐性,将这些要素确立为公开礼貌策略与隐性礼貌策略之间的分界线,它们也将为隐性策略的重新分类提供依据;二、以 Spencer-Oatey(2000,2008)提出的人际关系管理论为基础,对其不足进行修补,用修补后的模型分析交际中的说话人如何使用隐性策略,并解释他们为何采用隐性策略。总之,定性的研究方法既用于描写隐性礼貌策略,又用于解释隐性策略。

本书的研究同时结合语料分析。语料系笔者及所带的研究生、本科生们花费十余年时间,从大量英、汉语影视文学作品中搜集而来。在分析语料时,本研究采用语篇分析法,从影视文学作品的对话中,先按照本章第二节对隐性策略的定义,甄别出其中包含隐性策略的部分作为语料;然后对来自影视作品中的口语语料进行转写;对来自文学作品中的笔语语料进行形式上的改写,根据需要剔除一些夹杂在对话之间的描述性文字(戏剧对白除外),进行人工标注、分类等,建立了小型的英、汉语隐性礼貌策略语料库。

该库为描写与解释隐性礼貌策略提供了丰富的例证。

关于语料来源,笔者承认:礼貌研究(包括语用学其他领域的研究)最为理想的语料莫过于交际中产生的真实对话。但这类语料搜集困难,可行性不强。尽管 Kádár & Haugh(2013:52-56)与 Leech(2014:247-260)在介绍礼貌的研究方法时,均强调语料的真实性,均未提及影视文学作品中的对话,但 Leech(2014:283-293)在从历时视角讨论英语的礼貌问题时,大量选用文学作品中的语言作为例证。同时他认为:每一种研究方法都有其优势与不足(Each methodology has its strengths as well as its drawbacks)(Leech 2014:260)。笔者同意 Tannen(1984:153)的观点:"文学语言与日常生活语言并非大相径庭,而是基于和凸显了日常话语的自发性与平凡性。"笔者也与 Sifianou(1992:5-6)一样坚信:"文学作品尤其是戏剧,可以作为社会语言研究有价值的来源。它们是社会的写照,反映了不同社会背景中的各种人。它们不仅反映人们在不同语境中如何运用语言,而且反映了他们对语言本身的态度和观点。这些是任何其他可控的田野语料很难捕捉的……但这种丰富的语料来源还没有得到广泛的利用。"笔者认为:来自影视文学作品中的语料虽在真实性上不如来自交际现场的真实语料,但也存在优势,如时间跨度大、语境信息清晰等,尤其适用于语篇分析法。在这样的长段语篇中,更容易观察到说话人与听话人对双方话语的理解与反应。所以,在真实语料难以获取的时候,影视文学作品中的语料不失为一种很好的替代品。因此,不少学者从中搜集语料研究(不)礼貌问题(如 Culpeper 1996;Kantara 2010;Rudanko 2006;马文 2007;冉永平 2010,

2012；冉永平、刘玉芳 2011；周凌、张绍杰 2013）。

基于以上，本书的主要内容是：第一章介绍 B&L 提出的礼貌理论及在其基础上产生的研究，其中第一节总体介绍该理论；第二节专门介绍其中与隐性策略相关的部分，两小节都包含其他学者在其基础上所进行的后续研究；第三节介绍本研究要解决的问题、所使用的方法与全书的主要内容。第二章从显性施为句的句法形式出发，观察公开面子威胁行为的要素，确定这些要素为公开面子威胁行为与隐性面子威胁行为的分界线。本章发现隐性面子威胁行为主要隐蔽了两个方面：一个是面子威胁行为本身，即言外之力（illocutionary act），一个是面子威胁行为的对象（target）。因此，第三章讨论了隐蔽面子威胁行为本身的策略。第四章讨论了隐蔽面子威胁对象的策略。第五章讨论了两者均隐蔽的策略。换言之，第三、第四、第五章均基于第二章，对隐性策略进行了较为全面的描写。第六章用人际关系管理理论解释了隐性礼貌策略的理据，其中第一节介绍该理论的渊源、主要内容等；第二节对该理论的不足进行了修补；第三节运用修补后的理论阐释隐性礼貌策略。该章为全书的解释部分。第七章是全书的总结，思考了本研究的创新与不足之处，也指出了未来值得继续研究的课题。

第二章
隐性礼貌策略的分类

　　从第一章第二节可知,隐性礼貌策略是隐性面子威胁行为所具有的语言特征,而隐性面子威胁行为与公开面子威胁行为相比较而存在,这是本书的出发点。我们知道,B&L 提出的面子威胁行为概念部分基于 Austin(1962)提出的言语行为理论(speech act theory)。故本章拟从直接言语行为的主要构成成分出发,推导出公开面子威胁行为的要素,找到公开面子威胁行为与隐性面子威胁行为之间的分界,从而探求隐性礼貌策略的主要类型。这一思路简化表达如下:

　　直接言语行为→公开面子威胁行为→隐性面子威胁行为→隐性礼貌策略

第一节　直接言语行为的主要成分

对言语行为的研究自 Austin（1962）观察到施为句（performatives）的功能开始，显性施为句（explicit performatives）实施的是直接言语行为。Austin(1962)曾研究了显性施为句的句法特征，将它概括为 I（hereby）Vp you（that）S'（转引自 Levinson 1983：244）。这个公式表明，一个典型的显性施为句包含四个成分：第一个成分 I 是言语行为的主体或实施者，在交际中指说话人（speaker）；第二个成分 Vp 是言语行为动词（performative verb），它明示言语所实施的行为，并能经受 hereby 的检验；第三个成分 you 是言语行为的对象（target），在交际中指听话人（hearer）；第四个成分（that）S' 是补足成分（complement sentence），其内容受到第二个要素即言语行为动词的限制。

下面以一个"承诺"类言语行为为例对以上公式加以说明。在 I promise you that I will come tomorrow 这句话中，第一个成分 I 是言语行为的主体或实施者，在交际中指说话人；第二个成分 promise 是言语行为动词，它明示了该话语实施"承诺"这个言语行为；第三个成分 you 是承诺的对象，在交际中指听话人；第四个成分 that I will come tomorrow 是补足成分，在内容上受第二个成分 promise 的限制。

由此可见，直接言语行为包含三个主要成分——言语行为的主体或实施者、言语行为动词及言语行为的对象。其中的言语行为动词值得一提。它的作用是明示其所在话语所实施的言语行为,即 Austin 所强调的言外之力。虽然言语行为动词是一种言外之力显示器(an illocutionary force indicating device),但并不唯一。除它之外,言语行为还有其他言外之力显示器,如 I will come tomorrow without fail 中的副词词组 without fail。甚至声调也可以起到明示言语行为的作用。例如,Sorry? 一般伴随的是升调,其所实施的言语行为是询问,相当于 pardon?;而 Sorry! 一般伴随的是降调,其所实施的言语行为是致歉。总之,它们与言语行为动词一样,显示着话语的言外之力,即话语所实施的言语行为。

第二节　隐性礼貌策略的要素与类型

B&L 讨论的公开面子威胁行为属于本章第一节所讨论的直接言语行为。上文已述,直接言语行为包含三个主要成分:言语行为的主体或实施者、言语行为动词及言语行为的对象。以此类推,公开的面子威胁行为也包含着三个要素:面子威胁行为的主体或实施者、面子威胁行为动词及面子威胁行为的对象。

这里有一点值得一提。从第一节已知,在直接言语行为中,言语行为动词能明示话语的言外之力或其所实施的言语行为,但不是唯一的言外之力显示器。同样,在公开的面子威胁行为中,面子威胁行为动词能明示话语所实施的面子威胁行为,但也并不唯一。如 You are guilty! 这句话,虽未包含面子威胁行为动词,但仍能公开地实施指控这个面子威胁行为。可见,面子威胁行为动词是公开面子威胁行为的充分但不必要条件。

由以上不难推知,一段话语(an utterance)若要公开地实施面子威胁行为,需要同时明示以下三个要素:

① 面子威胁行为的主体或实施者;

② 面子威胁行为本身[①];

③ 面子威胁行为的对象。

---

① 即言外之力。显示言外之力的可能是面子威胁行为动词,也可能是言外之力的其他显示器如副词词组,甚至语音语调等。

从另一方面看，一段话语若要隐蔽地实施面子威胁行为，至少需要隐蔽以下三个要素之一：

① 面子威胁行为的主体或实施者；

② 面子威胁行为本身；

③ 面子威胁行为的对象。

由上可见，公开面子威胁行为与隐性面子威胁行为之间的分界主要在于三个要素，即面子威胁行为的主体或实施者、面子威胁行为本身及面子威胁行为的对象。如三个要素均得以明示，则相关话语为公开的面子威胁行为；如三个要素中有一个得以隐蔽，相关话语即为隐性面子威胁行为。

在实际交际中，说话人在实施面子威胁行为时，如果未使用隐蔽策略将实施者或对象隐蔽起来，那么，说话人就是面子威胁行为的实施者，听话人就是面子威胁行为的对象。换言之，在实际交际中，"I/我"与"you/你"即使不出现，也可将说话人与听话人分别默认为面子威胁行为的实施者与对象，除非话语中使用了隐蔽它们的策略。

至此，我们从直接言语行为的三个成分中推出了公开面子威胁行为的三个要素，探讨了公开和隐性面子威胁行为之间的分界。第一章第二节提及，隐性礼貌策略是隐性面子威胁行为所具有的语言特征，由此可推知，隐性礼貌策略的语言特征是，至少隐蔽以下三个要素之一：面子威胁行为的主体或实施者、面子威胁行为本身、面子威胁行为的对象。

需要说明的是，B&L 所讨论的隐蔽地实施面子威胁行为的策略与本书所讨论的隐性礼貌策略虽然不存在本质上的区别，但也有一些差异,主要体现在:前者基本上处于单个话语层面;而后者基本处于对话(conversation)或语篇(discourse)层面。两个层面既相联系,又有区别。联系表现在:在单个话轮层面上所隐蔽的要素会影响对话或语篇层面上所隐蔽的要素。正是因为这一点,本研究才从单个话语层面的直接言语行为出发,推理出隐性面子威胁行为的要素,探求对话或语篇层面的隐性礼貌策略所隐蔽的要素。另一方面,单个话语层面的隐性策略与对话层面的隐性策略存在一定区别,主要表现在:第一,在单个话语层面上,要隐蔽地威胁听话人的面子,只能在当下话轮中至少隐蔽以上所提及的三个要素之一;而在对话或语篇层面上,要隐蔽地威胁听话人的面子,不必局限于某个话轮中,可以通过几个话轮即在交际双方的互动中至少隐蔽以上所提及的三个要素之一。故在对话或语篇层面,有的话轮看似与面子威胁行为无关,却可能对隐蔽地威胁面子起着辅助作用。第二,不同的层面可能产生不同的隐性策略。一般来说,对话层面灵活程度较高,因而隐性策略也会更加复杂。因此,在单个话语层面属于隐性策略的,在对话层面也可能属于公开策略。如在单个话语层面上,陈述面子威胁行为的动因是暗示策略,在 B&L(1987:213-215)所讨论的 15 条隐性策略中列为第一条;而在对话或语篇层面上,陈述了面子威胁行为的动因就公开地实施了面子威胁行为,本书第三章第一节的(一)中通过实例对比说明了这一点。

总之,隐性礼貌策略常隐蔽三个要素:面子威胁行为的主体或实施者、面子威胁行为本身和面子威胁行为的对象。据此,可将隐性礼貌策略分为三类:隐蔽面子威胁行为主体或实施者的策略、隐蔽面子威胁行为本身的策略、隐蔽面子威胁行为对象的策略。

不过,在本研究所搜集的语料中,隐蔽面子威胁行为本身与面子威胁行为对象的语料颇为丰富;而隐蔽面子威胁行为主体或实施者的语料十分少见,仅出现下面一例。

该例来源于英国政治喜剧 *Yes, Prime Minister*(《是,首相》)的第 1 季第 3 集。对话背景是:为了缓和经济危机,首相与大臣讨论通过了加入欧元区的决定。政策尚未实行,不料消息却在社会上广为流传,并引起了经济骚动。经过调查,首相断定是快要退休的内阁秘书 Humphrey 有意透露给了一家银行,便请他来办公室谈话。首相反复隐蔽地追问是谁泄的密,Humphrey 却一再抵赖①,最后首相不得不指出泄密者的动机:

例(1)

01② Prime Minister:Humphrey, <u>many people suspect that the public officials are using government information to get themselves directorship and lucrative quangos for their retirement.</u> 汉弗莱,许多人怀疑,公职人员用政府机密换取退休后的董事席位和待遇优厚的半国企职位。③

---

①　关于此内容的部分对话在本书第 128 页的例(56)中。

②　为方便分析,本书用 01、02、03 等表示对话中的话轮,并在与分析相关的部分下面加划线;如分析需要,将一个话轮再分为①、②、③等部分。

③　本书对大部分英文实例配上汉语译文,供读者参考。

02 Humphrey：I don't know how you could even suggest such a thing. 您怎么能这么说呢？真是让人难以置信。

03 Prime Minister：You think this suspicion is unfair to loyal civil servants? 你觉得这种疑虑对忠诚的公务员不公吗？

04 Humphrey：Well，indeed I do. 没错。

05 Prime Minister：Well，I'm afraid I share their suspicion. Perhaps I'm wrong, but to be sure, I have decided to go ahead with the Civil Service Reform Bill after all. 恐怕我也与他们一样怀疑。也许是我错了，但为了保险起见，我已经决定实施《公务员队伍整改法案》。

06 Humphrey：What? 什么？

　　在上例的话轮 01 中，首相没有说"我怀疑……"，而是说"许多人怀疑……"，用"许多人"取代了自己。另外，由于所怀疑的事件是负面的，所以即使没有出现面子威胁行为动词，也能威胁到与负面事件相关者的面子。正因为如此，首相用"许多人"代替自己作为面子威胁行为的主体或实施者，使得话语产生了表层和深层两个意图：字面上，他在陈述其他人的怀疑；而深层次上，他在表达自己的怀疑。依据 B&L（1987：211）对隐性面子威胁行为的定义，"当一个交际行为不可能只有一个明确的交际意图时，就隐蔽地实施了某种行为"，可见 01 隐蔽地实施了指责这个面子威胁行为。说话人所使用的策略是隐蔽了面子威胁行为的主体或实施者 I。

由于听话人在后续话轮中继续抵赖,首相不得不在话轮 05 中公开说自己也有此怀疑,表明自己就是面子威胁行为的主体或实施者。

有趣的是,01 不仅隐蔽了面子威胁行为的主体或实施者,还同时隐蔽了面子威胁行为的对象。原因是,在此首相没有指明被怀疑的对象是听话人,而是用"公职人员"(the public officials)这个集体名词将面子威胁行为的对象扩大化,产生了模糊效果,从而隐蔽地对听话人实施了面子威胁行为。即使对话发展到 05,面子威胁行为的对象也未指明。所以,05 即使公开了面子威胁行为的实施者"I",仍然隐蔽地实施了面子威胁行为,原因是其中隐蔽了面子威胁行为的对象。从礼貌程度来看,由于 01 隐蔽了两个要素——面子威胁行为的主体及面子威胁行为的对象,而 05 只隐蔽了一个要素——面子威胁行为的对象,故 01 的礼貌程度高于 05。

遗憾的是,在本研究的语料库中,隐蔽面子威胁行为实施者的实例只有以上一个。这一点或许与话语自身的特征相关。正如 Levinson(1983:244)所言:世界上的大部分语言都存在三种句式——祈使句、疑问句和陈述句,它们的前面可分别加上 I request you to …、I ask you whether …、I state to you that … ,使其言语行为显性化。在实际交际中,即令说话人使用他人替代自己,其话语前总可以加上 I request you to …、I ask you whether …、I state to you that … 。因此在上例 01 中,尽管首相用"许多人"代替"我",但他的话语前可以补充被省略的 I state to you that … ,因此话轮 01 可以理解为:I state to you that many people suspect that … 。所以,在英语或汉语中,无论说话人使用什么策略隐蔽面子威胁行为的主体或实施者"I/我",听话人总可以在面子威胁行为的实施者与说话人之间建立一定联系。或许正是由于这个原因,隐蔽面子威胁行为主体或实施者的语料成为凤毛麟角。

由于本研究的大量语料涉及隐蔽面子威胁行为本身和隐蔽面子威胁行为的对象,本书主要讨论这两类隐性礼貌策略。因此,本书的第三章讨论隐蔽面子威胁行为本身的策略,亦即隐蔽话语言外之力的策略。为表述方便,将其简称为隐蔽面子威胁行为的策略。第四章讨论隐蔽面子威胁行为对象的策略。且第三章的讨论以公开了面子威胁行为的对象为前提,第四章的讨论以公开了面子威胁行为本身为前提。第五章讨论既隐蔽面子威胁行为本身又隐蔽面子威胁行为对象的策略。

第三章
隐蔽面子威胁行为的策略

在观察语料的基础上,笔者归纳出,隐蔽面子威胁行为的策略根据不同路径可再分为三类子策略:暗示面子威胁行为的策略、掩盖面子威胁行为的策略和改变面子威胁行为类型的策略。以下三小节分别讨论这三类子策略。

第一节 暗示面子威胁行为的策略

本研究的语料显示,暗示面子威胁行为的策略可再分为三类:第一类暗示面子威胁行为的动因;第二类暗示对听话人不利的后果;第三类提及对听话人不利(及有利)的结果。本书将三类统称为暗示策略,以下分别讨论。

(一)暗示面子威胁行为的动因

此策略主要通过提及与面子威胁行为动因相关的各种因素来暗示面子威胁行为的动因,从而隐蔽地实施面子威胁行为。

本书第一章第二节在讨论现有关于隐性策略研究的不足之处时,详细介绍了 B&L 的两种子策略——暗示策略与提供相关线索策略,并认为两者其实都是暗示策略。不过,B&L 所讨论的暗示策略与本书所讨论的暗示策略之间存在着异同。相同之处是它们都关注了面子威胁行为的动因或与面子威胁行为相关的事件,认为它们是实施面子威胁行为的重要策略。不同的是,第一,B&L 认为说话人常采用两种暗示方式——陈述动因或提及相关之事。本研究通过对语料的观察,发现这两种方式在对话中常常融合在一起,无法分开。换言之,提及了相关之事亦即陈述了动因(以下例 3 中的画线部分便是证明)。第二,B&L 在探讨这两个子策略时所给出的例证均为间接请求。对于 B&L 来说,暗示策略似乎主要是针对"请求"实施的。但我们的语料显示,不仅是请求这一面子威胁行为,其他面子威胁行为如警告也可以暗示。理论上,所有的面子威胁行为均可以通过暗示策略得以隐蔽。第三,B&L 所讨论的暗示方式为提及面子威胁行为的动因,或提及与面子威胁行为相关之事。而在本研究的语料中,暗示方式似乎表现得更为隐蔽:说话人常常不公开提及面子威胁行为的动因或与面子威胁行为相关之事,而是通过提及与动因相关的因素如时间、地点、事物等暗示面子威胁行为的动因或与之相关的事件。一般来说,与面子威胁行为相关的事件常常是对听话人不利的负面事件。

为了说明上述第三点,下面将对比来自同一小说、发生在相同角色之间的前后对话——例(2)和例(3)。① 两例来自美国小说 *Hotel*(《宾馆》),对话产生的背景是:公爵夫妇(对话中的 Duke 与 Duchess)酒驾造成交通事故后逃离现场,遭到通缉。他们藏匿于所住的宾馆,整日惶恐不安。而他们的秘密很快被宾馆的保安 Ogilvie 发现了。Ogilvie 为了敲诈公爵夫妇,不请自来。以下便是双方见面后的对话:

例(2)

01 Ogilvie:Pretty neat set-up you folks got. 陈设不错嘛。

02 Duchess:I imagine you did not come here to discuss décor. 我想你不是来谈房间陈设的。

---

① 本书对取自小说的语料,除非需要,一般剔除了夹杂在对话之间对外部环境、人物心理、身体语言等的描写文字,取其对话改写为本书中的对话形式。为节省篇幅,少数对话中不影响话语理解的部分被删除;也为了节省篇幅,本书尽量一例多用。当同一个例子第二次出现时,不再标注序列号。

03 Ogilvie：No，Ma'am；Can't say I did. I like nice things，though.（lowering voice）Like <u>that car of yours. The one you keep here in the hotel. Jaguar</u>，ain't it?

不是，夫人，肯定不是，虽然我喜欢好东西。（压低声音）比如你家的小车，你们停在宾馆的那辆，捷豹，是不是?

04 Duke：Aah! 啊！

在以上对话中，Ogilvie 先称赞了对方所住房间的陈设（01）；公爵夫人做出的不是偏好回应（preferred response），而是非偏好回应（dispreferred response）（02）；面对公爵夫人的不友好回答，Ogilvie 便提及对方家里的小汽车（Jaguar）（03）；这一貌似自然提及的、西方人常用的交通工具竟然引起了公爵一声惊恐的 Aah!（04）。为什么 03 会引起如此强烈的反应呢?① 原因是小汽车与公爵夫妇肇事逃跑这件事紧密相关，提及它也就暗示了那次交通事故，而那次交通事故又是对公爵夫妇不利的事件，因而隐蔽地威胁了他们的面子。可见，在此例的 03 中，面子威胁行为是通过提及小汽车、暗示交通事故实施的，即通过提及相关事物暗示对听话人不利的事件从而隐蔽地实施面子威胁行为。这个面子威胁行为的言后效果（perlocutionary act）从公爵的一声惊叫中（04）得到印证。我们再看以下紧接在上例之后的对话：

---

　① 在此例中，由于 02 与 04 的说话人是夫妻关系，且两人利益一致，所以本研究把他们看作是交际一方；而 Ogilvie 处于他们的对立面，可看作交际另一方。

例(3)

01 Duchess：In what conceivable way does our car concern you?
我家的小车与你何干？

02 Ogilvie：Who else is in this place? 这里还有谁？

03 Duke：No one. We sent them out. 没人，我们派他们^①出去了。

04 Ogilvie：（checking，found nobody in the room）Now then，you two <u>was</u> in the hit-'n-run^②. （检查房间，发现屋里没其他人）敞开说，你俩肇事逃跑。

05 Duchess：What are you talking about? 你说什么？

06 Ogilvie：Don't play games，lady. This is for real. You saw the papers. There's been plenty on radio，too. 别玩游戏了，女士。这是真的。你看看报纸。电台中也有大量的报道。

07 Duchess：What you are suggesting is the most disgusting，ridiculous … 你所说的最恶心、可笑……

08 Ogilvie：I told you—Cut it out! … 告诉你——住嘴！……

在以上 01 中，公爵夫人假装镇定，质问她家的小车与听话人有何关系；Ogilvie 没有马上回答，而是在 02 中询问她房间里还有

---

① 指佣人。

② 该话中的 was 应为 were。小说作者有意将此话轮的说话人塑造成满口语言错误、未受过良好教育的形象。

无其他人①；得到公爵的否定回答(03)后②，Ogilvie 公开指控听话人"肇事逃跑"(04)。在随后的对话 05 至 07 中，一方假装不知此事，另一方继续指控，直至后者在 08 中使用了强势命令"住嘴"，才结束了这段一方指控、一方抵赖的对话。

如果将例(2)与例(3)中的画线部分进行比较，就不难发现两者之间的异同。相同的是：两句话出自同一个说话人之口；他威胁听话人面子的动因也相同——听话人造成了交通事故。但在两个话轮中，说话人所使用的策略截然不同：在例(2)的 03 中，说话人只提及了与面子威胁原因相关的事物——听话人的家用小车，从该例 04 所反映出来的言后效果看，03 中提及小汽车便暗示了那次交通事故，也暗示了面子威胁行为的动因，于是成功地威胁了听话人的面子。其过程包含四步：

提及与面子威胁行为动因相关的事物→暗示对听话人不利的事件→暗示面子威胁行为的动因→暗示面子威胁行为

而在例(3)中，说话人公开提及了交通事故("hit'-n-run")，既直接提及了面子威胁行为的原因，也实施了面子威胁行为。但其过程包含三步：

公开提及对听话人不利的事件→公开提及面子威胁行为的动因→实施面子威胁行为

---

① 因为他不想让其他人得知这个秘密，以确保自己敲诈成功。
② 02 - 03 构成插入系列 insertion sequence。

对比以上过程,不难发现,例(2)所涉及的步骤多于后者,过程较例(3)复杂。因此,可以将前者称为暗示策略,将后者称为公开策略。换言之,暗示面子威胁行为的动因即隐蔽地威胁了听话人的面子;公开提及面子威胁行为的动因即公开地威胁了听话人的面子。由此我们看到,在对话或语篇层面上,公开提及对听话人不利的事件或公开提及面子威胁行为的动因,就公开地对听话人实施了面子威胁行为①。而在 B&L 的面子理论中,提及与面子威胁行为相关之事或陈述动因分别属于提供相关线索或暗示策略,均为隐性礼貌策略。因此,本研究所探讨的暗示策略不是 B&L 所讨论的暗示策略和提供线索策略的简单相加,而是比它们更为隐蔽的策略。原因在第二章第二节已述,B&L 所使用的语料处于单个话轮层面,在一定程度上限制了说话人所能使用的策略;而本研究的语料来源于对话层面,说话人有更大、更为宏观的空间使用更为隐蔽的策略。这可能是导致两者区别的主要原因。

值得注意的是:面子威胁行为的动因在具体语境中可能不止一个,或许还包括其他。如在以上两例中,Ogilvie 想揭露公爵夫妇罪行的动机还包括想敲诈他们、获取物质利益等。但本研究只分析面子威胁行为产生的动因,即话语产生的动因,不涉及与物质利益等相关的动机。

以上说明了本书中暗示面子威胁行为的策略与 B&L 暗示策略的区别。本研究的语料显示,说话人可以通过提及与动因相关的多种因素暗示面子威胁行为,以下分别举例说明。为节省篇幅,

---

① 条件是面子威胁行为对象也公开。

"面子威胁行为的动因"简写为"动因"。

1. 提及与动因相关的时间

在 Shakespeare[①] 的历史剧 *Henry IV*（Part One）（《亨利四世》上篇）第 2 幕第 4 场，亲王 Prince Henry 与他的朋友在一家酒馆里喝酒，不一会儿亲王就和酒保[②] Francis 熟悉起来。当 Francis 携酒自台前经过时，两人之间发生了如下对话：

例（4）

01 Prince Henry：（Re-enter Francis）What's o'clock, Francis?（弗兰西斯携酒自台前经过）几点钟了，弗兰西斯？

02 Francis：Anon，anon，sir.（Exit）就来，就来，先生。（下）

在以上对话中，亲王需要听话人提供服务，这是面子威胁行为的动因。但他并没有公开发出指令，而是在 01 中通过询问时间暗示了这个动因，从而隐蔽地实施了指令（order）这个面子威胁行为。该策略就是通过提及与面子威胁行为相关的时间暗示面子威胁行为的策略。听话人也理解了说话人所使用的策略，在 02 中没有回答当时的时间，而是承诺马上提供服务。

---

① 本书中莎剧语料的译文主要取自朱生豪译，2015，《莎士比亚全集》。北京：人民文学出版社；裘克安译，1998，《莎士比亚注释丛书——哈姆莱特》。北京：商务印书馆。必要时有所改动。

② 即服务员。

2. 提及与动因相关的地点

在美国电影 *Titanic*(《泰坦尼克号》)中,住上等舱的女主人公 Rose 与住下等舱的男主人公参加了在下等舱举办的晚会,彻夜未归。Rose 的未婚夫 Karl 派佣人跟踪她后得知了此事,十分生气。第二天在餐桌上,Karl 与 Rose 进行了如下对话:

例(5)

01 Karl:I had hoped you would come to me last night. 昨晚我以为你会来找我。

02 Rose:I was tired. 我累了。

03 Karl:Your exertions <u>below decks</u> were no doubt exhausting. 到下等舱去当然很累人。

在上例中,Karl 试图威胁 Rose 的面子,原因是她与其他异性一起参加晚会,但他没有公开实施面子威胁行为,而是先在 01 中提及了相关时间"昨晚",即采用了上文分析的、通过提及相关时间暗示面子威胁行为的策略责备了对方;当 Rose 在 02 中辩解后,他又在 03 中提及了相关地点——下等舱,暗示了她与其他异性一起参加晚会的事件。由于去下等舱的主要是社会底层的人们,所以 03 不仅隐蔽地责备了听话人不该与异性交往,而且挖苦了她所交往的异性来自社会底层。

3. 提及与动因相关的人物

在美国电视系列剧 *Desperate Housewives*(《绝望主妇》)第 1 季第 2 集中,女主人公之一 Susan 与邻居 Edie(亦即下例 06 话轮中的 Mrs. Britt)都喜欢新来的单身汉邻居。按习俗,老邻居请新邻居一起吃饭以示友好。但在饭桌上,Edie 却与 Susan 之间发生了如下对话:

例(6)

01 Edie：Isn't <u>Mr. Mullen's brother</u> your divorce attorney?

02 Susan：Uh, yes, yes, he was.

03 Edie：Can I say something? In my heart, I still believe that <u>you and Carl are going to get back together</u>.

04 Susan：Really?

05 Edie：Oh, yeah, I-I've never seen <u>two people more in love</u>. I mean, she's never going to find that kind of chemistry with another man. Never.

06 Julie：You know what, Mrs. Britt? Do you know who I always liked? <u>Mr. Authwell—your fourth husband</u>.

07 Edie：Oh, he was my second husband. I've only been married twice.

在上例中,Edie 试图威胁 Susan 的面子,原因是两人在感情上存在竞争关系。不过,Edie 没有公开这么做,而是在 01 中有意提及 Susan 的前夫这个与动因相关的人物,并在 03 和 05 中断言她会与前夫和好:一方面暗中阻止她与自己争风吃醋;另一方面暗中告诉在场的单身汉,Susan 不可能与他发展关系。作为反击,Susan 的女儿 Julie 在 06 中有意提及 Edie 的第四任丈夫,一方面暗中告诉 Edie:她根本就不配和自己的妈妈争风吃醋;另一方面也暗中告诉在场的单身汉:Edie 是结过多次婚的女人。Edie 只好解释说自己只结过两次婚(07)。可见,上例中提及的两个人——两个女人的前夫,都与威胁对方面子的动因相关,提及他们就暗示了面子威胁行为的动因,从而隐蔽地实施了面子威胁行为。

4. 提及与动因相关的事物

上文例(2)中的 03 是典型的例子。其中说话人通过提及听话人的家用小汽车暗示了对方造成的交通事故——面子威胁行为的动因,隐蔽地实施了面子威胁行为。我们从言后效果(公爵的惊恐回应 04)中可知:这个暗示策略成功地威胁了对方的面子。

5. 提及与动因相关的事情/事件

在曹禺先生的戏剧《日出》中,主人公潘月亭(在下例 05 中自我谦称"潘四")经营着一家银行,李石清是他银行的职员。在前者资金周转出现困难时,后者到处散布谣言,企图趁机搞垮该银行。当银行经营出现转机后,前者谴责后者过去的行为并开除了他。以下是谴责之前的对话[①]:

例(7)

01 潘月亭:⋯⋯你知道我现在手下这点公债已经是钱了么?

02 李石清:自然。

03 潘月亭:你知道就这么一点赚头已经足足能还金八的款么?

04 李石清:我计算着还有富余。

---

① 本书第四章开头部分的例(40)是包含此例的长段对话。

05 潘月亭:哦,那好极了。有这点富余再加我潘四这点活动劲儿,
　　　你想想我还怕不怕人跟我捣乱?

　　在上例中,潘月亭想威胁李石清的面子,原因是后者曾在背后散布谣言。不过,前者没有公开指责后者,而是先提及与原因相关的两件事情——自己手下的公债(01)和它的作用(03),在得到对方的肯定回答后(分别为 02 与 04),便开始质问对方(05)。可见,01 和 03 通过提及与面子威胁行为相关的事情暗示了面子威胁行为的动因,隐蔽地实施了面子威胁行为。

6. 其他

　　以上介绍了说话人如何通过提及与面子威胁动因相关的各因素暗示面子威胁行为的动因,从而隐蔽地威胁听话人的面子。当然,在有些语境中,说话人使用以上某一个子策略还不足以暗示面子威胁行为的动因,因而需要综合两个或三个子策略。如在莫言小说《丰乳肥臀》第 2 卷第 12 节中,"我"大姐与抗日组织黑驴鸟枪队的队长沙月亮相爱了,但"我"母亲坚决反对他们相爱,并主动撮合"我"大姐与村里的哑巴结婚。一天,沙月亮来到"我"家,与"我"母亲之间发生了以下对话:

例(8)

01 我母亲:沙队长,<u>我家大女儿今日订婚</u>,这只野兔子便是聘礼。

02 沙月亮:好重的礼!

03 我母亲:<u>她今日订婚,明日过嫁妆,后日结婚</u>。别忘了来喝
　　　　　喜酒!

04 沙月亮：忘不了，绝对忘不了。

　　　　（说完，他就背着鸟枪，吹着响亮的口哨，走出了我家家门。）

　　在以上对话中，"我"母亲威胁听话人面子的动因是她反对他与自己的大女儿相爱。不过，"我"母亲没有公开提及这个动因，而是通过在 01 和 03 中提及与动因相关的人物（"我家大女儿"）和与动因相关的事件（她的婚事）暗示自己反对两人恋爱。在此例中，仅提及其中任何一项还不足以暗示面子威胁行为的动因，因而说话人综合了两个子策略。

　　暗示面子威胁行为还有其他一些策略，本研究不能穷尽所有。例如，说话人可以假设与动因相反的条件，并假设与实际情况相反的结果，从而暗示对实际发生事情/事件的不满、悔恨等。如在电视连续剧《金婚》第 25 集中，女主人公文丽年轻时曾在丈夫离家去遥远的三线工作后找领导诉苦，领导只好将其丈夫调回家，这件事后来影响了丈夫的发展，她的婆婆对此颇为不满。一天，婆婆与文丽之间产生了如下对话：

例（9）

01 婆婆：他要不是从三线回得早啊，厂长都当上了。

02 文丽：那是，没准都当上局长了呢！我就纳闷了：他那么爱当官的人，干嘛要老婆孩子呀？找一保姆不就得了，多省心了！

　　在上例中，婆婆试图责备儿媳，原因是她认为儿媳当年的做法拖了自己儿子(01中的"他")的后腿。但婆婆并没有公开这么做，而是通过假设与原因相反的条件（"要不是从三线回得早"），并假设与实际情况相反的结果（"厂长都当上了"），暗示了面子威胁行为的原因，隐蔽地对儿媳进行了批评与责备。文丽也意识到婆婆的隐性批评，在02中对其进行了反驳。对于如何通过暗示隐蔽地批评听话人，B&L(1987：215)认为，它涉及复杂的过程，可能目前我们还无法了解。但从上例中，我们看到了隐性批评的策略之一是假设与实际情况相反的条件与结果。

　　综上所述，暗示面子威胁行为动因的策略包括提及与面子威胁行为动因相关的时间、地点、人物、事物、事情/事件等子策略。本部分的内容可概括如下：

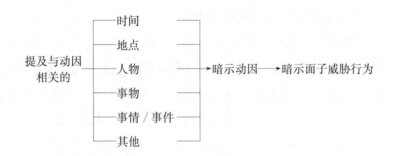

　　需要强调的是，之所以提及这些因素能够暗示面子威胁行为，一个重要的原因是它们与面子威胁行为之间存在着关联。说话人生成这些话语是利用了这种关联，听话人理解这些话语也是利用了这种关联。故通过提及相关因素暗示面子威胁行为的策略，似乎不像B&L所断言的那样违反了Grice提出的关联准则。相反，

笔者认为,说话人和听话人均遵守了关联准则。从这个角度来看,B&L 声称他们对隐性策略的分类基于违反 Grice 提出的四项准则似乎与实际情况并不相符。在他们对隐性策略的分类中,暗示、提供相关线索两条子策略基于遵循关联准则,而其他策略基于违反关联准则。从这个角度看,B&L 对隐性策略的分类原则并不具备一致性。此点已在第一章的第二节分析过,为了强调,在此再次说明。

(二)暗示对听话人不利的后果

此策略主要指说话人通过提及各种相关因素,暗示对听话人不利的后果[①],从而暗示面子威胁行为的策略。从语料看,该策略主要包括如下子策略:

1. 提及相关人物暗示不利后果

如在美国科幻电视剧 *A Song of Ice and Fire*(《冰与火之歌》)中,家庭背景平凡的 Lord Baelish 曾倾心于公爵之女 Lady Catelyn,但后者却嫁给了身份显赫的 Lord Stark。当两个男人 Lord Baelish 与 Lord Stark 初次相见时,发生了如下对话:

例(10)

01 Lord Baelish:I've hoped to meet you for some time, Lord Stark. No doubt Lady Catelyn has mentioned me. 我早就期望见到您,斯塔克阁下。无疑卡

---

① 以下有时简称不利后果。

特琳夫人提起过我。

02 Lord Stark：She has，Lord Baelish．I understand you knew <u>my brother Brandon</u> as well. 是的，贝里席阁下。我想你也认识我的兄弟布兰登吧。

03 Lord Baelish：All too well．I still carry a token of his esteem，from navel to collarbone. 太熟悉了！我身上还带着他留下的伤痕，从肚脐到锁骨。

在上例 01 中，Lord Baelish 向 Lord Stark 打招呼，顺便提及了其夫人 Lady Catelyn。Lord Stark 知道对方一直垂涎自己的夫人，欲对其进行警告，但他并未公开实施警告这个面子威胁行为。由于 Lord Baelish 曾与 Lord Stark 的兄弟 Brandon 决斗并受伤，Lord Stark 便在 02 中提起自己的兄弟，意在警告对方：如还不收敛，将会有同样的后果。从 03 来看，这种暗中警告产生了言后效果：Lord Baelish 立即以讽刺的口吻承认自己全身上下都带着 Brandon 留下的伤痕。可见在 02 中，提及相关人物暗示了对听话人不利的后果，从而隐蔽地实施了警告这个面子威胁行为。

2. 提及相关事物暗示不利后果

如在话剧《雷雨》中，女仆四凤离开了她伺候多年的周家，爱着她的周家二少爷连夜赶来，送上一百元，四凤拒绝，而她一向贪婪的父亲鲁贵却收下了。这时，四凤的哥哥鲁大海回家了，一向痛恨周家的他得知情况后，立即向父亲索要一百元，准备还给周家。以下是他向父亲要钱的对话：

例(11)

01 鲁大海:(掉过脸来向鲁贵)把钱给我!

02 鲁贵:(疑惧地)干什么?

03 鲁大海:你给不给?(声色俱厉)<u>不给,你可记得住放在箱子里</u>
　　　　　<u>的是什么东西么?</u>

04 鲁贵:(恐惧地)我给,我给!(把钞票掏出来交给大海)钱在这
　　　　儿,一百块。

　　在上例中,鲁大海为了马上把钱还给他痛恨的周家人,便找父
亲要钱(01);当他父亲询问他为何要钱(02)时,他提及"放在箱子
里的"东西(03)。由于剧本中此前有交代,他家箱子里放着的是
枪,所以03中实际上是间接提及了"枪"这个事物①,暗示了对听
话人不利的后果——不给钱就枪毙了他。从04来看,03所采用
的、暗示不利后果的策略产生了言后效果。

　　3. 提及相关事情/事件暗示不利后果

　　如在我国歌剧《刘三姐》中,主人公刘三姐因经常唱山歌鼓动
山民抗租抗税,遭到财主的迫害,流落到另一个财主莫老爷的地
盘。得知刘三姐到来的消息后,莫老爷特地前来警告她:

例(12)

01 莫老爷:① 听说你来到这里不久,莫某事忙,照料不周。② 好!

---

　　①　如果03直接提及枪,就直接提及了相关事物;但此处提及的是"箱子里"的东
西,是间接提及。

既来之,则安之。③ <u>过去受了些颠连困苦</u>,如今到我
这里就放心好了。④ 只要莫某吩咐一声,绝不会亏待
于你呀!

02 刘三姐:(哈哈大笑)别处财主要我死,这里财主要我活。平时
看见锅煮饭,今天看见饭煮锅!

在上例中,莫老爷的意图是警告刘三姐"既来之,则安之",不
能再像过去那样"聚众闹事",他的警告可分为四个部分①:① 部分
是招呼语;② 部分公开提出了要求;③ 部分通过提及相关事情/
事件——她过去的行为给她带来的后果"受了些颠连困苦",暗中
警告她痛改前非;④ 部分暗中警告她,如不服从管理,就要受到
"亏待"。面对莫老爷的公开要求与隐性威胁,听话人刘三姐在 02
中隐蔽地进行了反击。②

4. 通过假设暗示对听话人不利的后果

除了以上暗示不利后果的策略外,说话人还可能采取其他一
些策略。例如,说话人还可通过假设条件暗示对听话人不利的后
果,以下来自美剧 *House of Cards*(《纸牌屋》)第 1 季第 3 集的对
话即为一例。该对话的背景是:多数党党鞭 Frank 和郡长 Orrin
处于敌对关系。山麓电网公司(下例 01 中的 them 和 they 所指)
多次申请要让高压线横穿 Orrin 宅邸所在地。如申请获批,Orrin
的宅邸就要被拆除,而恰恰 Frank 有权批准此事。这天,Frank 带

---

① 因说明需要,本书用①、②等表示某个话轮内需要分析的部分。
② 详细的策略分析请见本书第 182 – 183 页对关系性目标管理的分析。

着下属（下例 01 中的 Gene）与 Orrin 交谈了系列问题，其中有段对话如下：

例（13）

01 Frank：Now, Gene and I always fight them off, but this year, if they were to reapply, hmm ... 我和吉恩每次都把这事压下，但今年，他们要是再来申请，哼……

02 Orrin：Fuck you, Frank. You can't just roll up on my property and act like you own it. 去你妈的，弗兰克。你休想跑到我家来还一副你的地盘的样子！

在上例 01 中，尽管说话人只假设了条件"今年，他们要是再来申请"，但听话人还是明白了 01 中所暗示的、对自己不利的后果，并意识到该后果所隐蔽的面子威胁行为，于是在 02 中开始咒骂对方。

综上所述，暗示对听话人不利后果的策略可概括如下：

（三）提及对听话人不利（及有利）的结果

除以上讨论的、暗示不利后果的策略外，说话人还可以通过直接提及后果暗示面子威胁行为。不过,这里的后果可能是对听话人不利的,也可能是不利与有利的混合。以下分别讨论。

1. 提及不利后果

如在反映我国历史上最后一个皇帝生活的电影 *The Last Emperor*(《末代皇帝》)中,主人公溥仪患了弱视,他的英文老师 Johnston 请求朝廷为溥仪配副眼镜,而皇室以皇帝戴眼镜不成体统为由极力反对。以下是代表皇室的内务总管太监(以下对话中的 Governor)就此事与 Johnston 之间的对话:

例(14)

01 Governor：Unfortunately, our decision is final. 遗憾,这是我们最后的决定。

02 Johnston：And, <u>unfortunately, what I have to say will be published in every newspaper in China.</u> 很遗憾,我说的话会在中国的每家报纸上报道。

03 Governor：What do you have to say, Mr. Johnston? 约翰斯顿先生,您会说什么呢?

04 Johnston：The Emperor has been a prisoner in his own palace since the day that he was crowned and has remained a prisoner since he abdicated. But now that he's growing up, he may wonder why he is the only person in China who may not walk out of his own front door. I think the Emperor is the loneliest boy on earth. It would be conveniently

sad if he becomes blind. 从加冕到退位，皇帝一直是皇宫里的囚徒。而他现在长大了，他也许明白了他为什么是中国唯一不能走出皇宫的人。我认为，皇帝是地球上最孤独的人。如果他瞎了，某些人会假装悲伤，而其实是在皇宫里捞油水更方便了。

在上例 01 中，内务总管太监告诉 Johnston 皇室的决定后，后者没有公开反对这个决定，而是在 02 中提及他将公开发表言论；对方立即在 03 中询问他准备说什么；Johnston 便在 04 中把自己要通过媒体公布的话告诉了对方。从 04 的内容可知，02 通过提及对听话人不利的后果发出了暗示，隐蔽地对听话人宣布的决定提出了抗议。

2. 提及不利及有利的结果

在有些语境中，说话人在提及对听话人不利后果的同时，也提及对其有利的结果，暗示听话人做出选择。如在美剧 *House of Cards*（《纸牌屋》）第 5 季第 2 集中，现任总统 Frank 在当选总统的过程中策划丑闻挤走了前任总统（即以下 01 中的 Garrett 和 Garrett Walker），而前任副总统、现任州长 Jim 知道 Frank 是制造丑闻的幕后指挥。Frank 在就任副总统的过程中也曾挤走了 Jim，也明白 Jim 知道他制造丑闻挤走前任总统的真相。同时他还知道 Jim 希望在他所管辖的州进行一项联邦资助的环保工程，但始终未得到国会的同意，而 Frank 作为现任总统有权绕过国会强行推行该工程。为了确保 Jim 不在即将举行的委员会（以下对话 01 中的 this committee）听证会上作为证人公布自己过去策划丑闻一

事,并在下届总统竞选时支持他,Frank 私下召见 Jim,相互暗示进行利益交换:

例(15)

01 Jim：Now，I don't know what really happened on your journey to replace me as vice president and then Garrett as president. I only know what my gut tells me. But I'm willing to say fuck my gut. Bottom line is，① I can help you with this committee ② or I can hurt you. ③ Now，I can say that I know nothing ... and that what I saw in Garrett Walker was a troubled man. And I can leave it at that. What do you think? 我不知道你在接替我副总统的职位、随后又接替加勒特总统职位的过程中,究竟发生了什么。我只知道自己的直觉,但我愿意无视我的直觉。总而言之,我能帮你搞定委员会,也能伤害你。我可以说我一无所知,也可以说我认为加勒特·沃克是个有问题的人。我可以只说这些。你觉得呢?

02 Frank：Oh，I can't tell you what to do，Jim. But I can say，as one ex VP to another，that this cleanup in Pennsylvania is gonna be worth about ＄300 million and 10，000 jobs. And that's not bad for an afternoon's work. 我不会告诉你该怎么做,吉姆。但我可以说,我们两个前任副总统不说两家话。宾夕法尼亚州的清污工作,价值三亿美元和一万个工作岗位。一下午的辛劳能赚来

<u>这个不错了。</u>

在以上对话中,01 的说话人在①和③部分提及了对 Frank 有利的结果,在②部分提及了对他不利的后果,字面上是供听话人选择,实际上是暗示听话人拿出交易的筹码来;Frank 完全明白他的用意,于是在 02 中开出了具体的交换筹码,字面上说"我不会告诉你该怎么做",实际上暗示对方选择对自己有利的结果。

另外,上文(二)和(三)所讨论的策略并非总是截然分开的。在有些语境中,说话人综合运用提及对听话人有利结果与暗示对听话人不利后果的策略。如在美国小说 *The Silence of the Lambs*(《沉默的羔羊》)中,女主人公 Starling 是联邦调查局的见习特工,她所在的城市发生了一系列命案,她被派去一所戒备森严的监狱访问精神病专家(以下对话中提到的 Lecter),以获取资料帮助破案。精神病院院长 Chilton 陪她一同前往,但在囚禁精神病专家监狱的门口,她并不希望院长与她一起进去。于是产生了如下对话:

例(16)

01 Starling：Dr. Chilton. ① <u>If Lecter feels that you're his enemy,</u> ② <u>then ...</u> ③ maybe we'll have more luck if I go in by myself. ④ What do you think? 奇尔顿博士,如果莱克特感到你是他的敌人,那么……也许我一人进去会有好运。你看如何?

02 Chilton：You might have suggested this in my office and

saved me the time. 在我办公室的时候你就该说,节省我一点时间啊。

在以上对话中,Starling 想阻止 Chilton 继续陪同她,原因是他与受访者存在敌对关系,他的出现可能会导致受访者闭口不言。于是她在 01 的①部分先提出假设,②部分省略了后果——"他什么都不会说"(then he would not tell us anything)这类话语。这个后果显然对听话人和说话人都是不利的。此处运用了以上(二)中第 4 条策略——通过假设暗示对听话人不利的后果。在同一话轮中,说话人在③ 部分又假设了另一种情况及其可能产生的结果,这个结果是说话人和听话人都想要的有利结果,说话人并未省略它而是公开提及。可见,说话人先假设导致不利后果的条件暗示了不利后果;后假设导致有利结果的条件,公开提及了有利结果,即综合运用了(二)与(三)所讨论的策略。当然这个先后顺序颠倒过来对话语所实施的面子威胁行为没有实质性的影响。

综上所述,暗示面子威胁行为的策略主要包含三类:第一类是暗示面子威胁行为的动因;第二类是暗示对听话人不利的后果;第三类是提及对听话人不利(及有利)的结果。

值得一提的是,以上三类子策略并非相互独立,而是常常综合运用。如在根据同名小说改编的电影 *Sense and Sensibility*(《理智与情感》)中,Norland 庄园的主人 Dashwood 去世了,按照家族财产不能分割的传统,几乎所有财产都由其儿子 John 继承,其三个女儿和妻子 Mrs. Dashwood 只能得到很少一部分。而 John 的妻子 Fanny 迫切地想把丈夫的母亲和他的三个姐妹赶出去,但

Fanny 的弟弟 Edward 来庄园小住时爱上了三姐妹中的大姐。当 Mrs. Dashwood 看到 Edward 与自己的大女儿在草地上散步时,非常高兴,与儿媳 Fanny 之间产生了如下对话:

例(17)

01 Mrs. Dashwood:We are so happy that you choose to invite Edward to Norland. He is a dear boy,we're all very fond of him. 很高兴你邀请爱德华来诺兰庄园。他是个可爱的小伙子,我们都很喜欢他。

02 Fanny:We have great hopes for him. Much is expected of him by our mother with regard to his profession. 我们对他期望很高,家母对他职业的期望也很高。

03 Mrs. Dashwood:Naturally. 自然。

04 Fanny:And in marriage. She is determined that both he and Robert will marry well. 婚姻也一样,她一定要让他和罗伯特娶门当户对的妻子。

05 Mrs. Dashwood:Of course. But I hope she desires them to marry for love. 当然。但我希望,她要他们为爱情而结婚。

06 Fanny:Love is all very well,but ① unfortunately we can not always rely on the heart to lead us in the most suitable direction. You see, my dear Mrs. Dashwood ... Edward is entirely that kind of compassionate person

upon whom penniless women can prey and having entered into any understanding he would never go back on his word. He is simply incapable of doing so. ② But it would lead to his ruin. I worry for him. So, Mrs. Dashwood, ③ my mother has always made it perfectly plain that she'll withdraw all financial support from Edward should he choose plant his affections in less exalted ground than he deserves. 爱情是美好的, ① 只可惜人生不能跟着感情走。你看, 达什伍德太太, 爱德华心肠太好, 容易被一文不名的女人欺骗; 而且什么事情一旦说定, 他决不食言。反悔的事他做不到。② 这样会使他倒霉。我很替他担心。所以, 达什伍德太太, ③ 我母亲已经明确表示, 如果爱德华所爱的人门不当户不对, 她将收回对他的所有经济资助。

07 Mrs. Dashwood: I understand you perfectly. 我完全明白了。

在上例 01 中, Mrs. Dashwood 表示很高兴对方邀请 Edward 来访, 也表达了对 Edward 的喜欢; 但她的高兴引起了听话人的反感。不过, Fanny 并没有公开表达其反感, 而是在 02 中提及与 Edward 相关的人——自己全家尤其是母亲对 Edward 的事业寄予了厚望, 暗示对方, Edward 应该娶对他事业有帮助的妻子。而 Mrs. Dashwood 似乎并未明白对方的暗示, 在 03 中表示完全赞同。于是 Fanny 在 04 中将话题从事业转到婚姻, 并说母亲希望自己的两个儿子与门当户对的女人结婚。Mrs. Dashwood这才意识到对方在排斥自己的女儿,便在 05 中提及了婚姻的基础——爱情。由于她的女儿与 Edward 有爱情基础,所以这句话实际上是在隐蔽地劝说 Fanny 接受自己的女儿。而 Fanny 在 06 中综合运用多种策略隐蔽地拒绝了对方。在此只分析与本部分相关的策略:对方在 05 中提出了"为爱情而结婚"的观点,这成为 Fanny 在 06 中反对她的原因。在①部分,Fanny 没有公开反对"为爱而结婚"的观点,而是提及与爱情相关的事物——感情(heart),通过否定感情在人生发展中的作用而暗示了对对方观点的否定。此处使用的是通过提及与面子威胁动因相关的事物进行暗示的策略。也许是觉得这种暗示动因的策略还不够让对方意识到自己和家人的态度,Fanny 继续使用其他暗示策略:在②部分,她提及与"一文不名"的女人产生感情将对 Edward 产生的不利后果;在③部分,她进一步提及,如 Edward 找的妻子门不当户不对,她的母亲将采取何种措施。从字面上看,她提及的是对自己弟弟 Edward 的不利后果;而从另一个角度看,这也是对 Edward 未来的妻子及其家人不利的后果。而听话人希望自己的女儿成为 Edward 的妻子,因而 06 也是对听话人不利的后果。可见,06 中至少运用了本节讨论的两种暗示策略。

本章第一节所讨论的、暗示面子威胁行为的策略可概括如下:

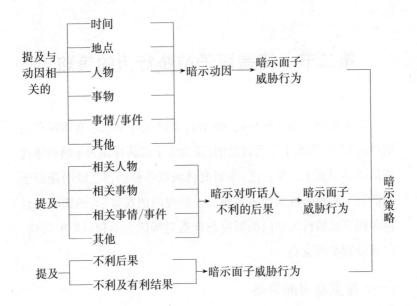

第二节　掩盖面子威胁行为的策略

如果说第一节所讨论的、暗示面子威胁行为的策略体现在话语的内容上，那么本节所讨论的、掩盖面子威胁行为的策略则体现在话语的形式上。换言之，本研究将采取各种语言手段隐蔽面子威胁行为的策略称为掩盖策略。本研究的语料显示，该策略包含掩盖面子威胁行为动因的策略与掩盖对听话人不利后果的策略。以下分别举例说明。

（一）掩盖动因的策略

此策略采取各种语言手段掩盖面子威胁行为的动因，从而隐蔽地实施面子威胁行为。掩盖面子威胁行为动因的策略主要有：

1. 使用各类修辞手段

在有些语境中，说话人通过采用各种修辞手段掩盖面子威胁行为的动因。语料显示，掩盖动因的修辞手段主要有：

① 隐喻（metaphor）

隐喻是不使用比喻词而将两种事物进行比较、直接把一事物描写成另一事物的一种修辞手段（文军1992：11）。使用隐喻掩盖面子威胁行为的原因从下例中可见一斑。该例来自古装戏《金枝欲孽》，其中的皇后和妃子如玥一向不和。一天，如妃患了眼病，皇后带着御医（01中的"孙大人"）假装去给她看病，实则打探真假，如玥对此也心知肚明。双方见面后对话如下：

例（18）

01 皇后：……反正本宫今晚也要陪同皇上用膳，孙大人就尽管替
　　　　如妃看看患了什么眼疾，本宫跟皇上也有个交代。

02 如玥：不必了，如玥的眼睛只是小意思，不需要劳烦皇后座下的
　　　　院判大人。①

03 皇后：其实有事没事并不重要，只不过大家既然来了，妹妹你就
　　　　<u>演戏演全套</u>。

04 如玥：如玥才疏，向来只喜欢听戏。<u>论演戏</u>，恐怕未及他人。

05 皇后：本宫看不出妹妹双眼是否有事，不过一张利嘴就真是犹
　　　　胜从前。算了，既然如妃不需要孙大人看，就随她吧！
　　　　（离开）

　　在上例中，由于如玥拒绝看病（02），皇后就认为她是在装病，
这成为皇后威胁如玥面子的动因。但皇后并未说"原来你是在装
病啊"一类话语公开威胁其面子，而是在 03 中将对方的行为比作
"演戏"，同时要求她"演全套"（即继续装下去，不要被御医看出了
破绽）。"演戏"和"演全套"都通过隐喻掩盖了面子威胁行为的动
因，隐蔽地实施了指责这个面子威胁行为。尽管如此，如玥还是理
解了 03 所实施的面子威胁行为，在 04 中她借用对方使用的隐喻
"演戏"，反击了皇后②。

---

① "院判"为我国清朝时期太医的官职之一，品等为正六品。

② 本书第 111－112 页讨论了此话所使用的策略。

② 双关(pun)

双关是利用语音、语义等手段,使同一个语言形式同时具备双重意义的一种修辞方式;其特点是表层义显露,深层义潜隐,言此而意彼(文军1992:321)。如在电影《一代宗师》中,徒弟马三当了汉奸,师傅想劝他回头,不要继续当汉奸。师徒之间产生了以下对话:

例(19)

01 师傅:你是跟着我长大的,在风头上你也算是为我们这一门争
　　　　名气的人。今天我想跟你说说我的一手绝活——老猿挂
　　　　印,练过没有啊?

02 马三:练过。

03 师傅:这活的关隘是什么知道吗?

04 马三:没听您老人家说过。

05 师傅:老猿挂印回首望,关隘不在挂印,而是回头。懂我跟你说
　　　　的意思吗?

06 马三:兵无常势,水无常形。要是,回不了头呢?

07 师傅:那我宫家的东西就不能留在你的身上了。

在上例中,师傅想劝阻徒弟,原因是他当了汉奸。但他没有公开劝说他改邪归正,而是借与他谈论武功的机会,一边向他介绍"回头"在这门武功中的重要性,一边暗示他在现实中"回头"(05)。也就是说,说话人通过双关掩盖了劝说这个面子威胁行为。尽管05采取了隐性策略,但听话人还是理解了其所实施的隐性劝说行

为,并在 06 中询问:如果自己"回不了头",会出现什么样的后果,此处也使用了双关语掩盖了面子威胁行为的原因——自己想继续走下去。最后,07 通过提及对听话人不利的后果隐蔽地威胁了对方的面子,所采取的是本章第一节(三)中讨论的第一条策略。

③ 类比(analogy)

类比是在两事物之间进行比较,尽可能挖掘并有力地突出其相近类似之处的一种修辞手法(文军 1992:65)。如在美国情景喜剧 *The Big Bang Theory*《生活大爆炸》)第 5 季第 15 集中,公寓突然停电了,两位室友就是否马上会来电产生了不同意见:

例(20)

01 Leonard: It's just a blackout; I'm sure the power will be back on soon. 只是临时停电,我相信马上就会来电。

02 Sheldon: And I'm sure <u>some fool in the donner party said the snow would stop any day now. I like to think they ate him first.</u> 我相信唐纳家族中的某个蠢人也说过,大雪马上就会停下来。我想这个人是后来第一个被吃掉的。

在上例中,Leonard 认为马上就会来电,而 Sheldon 持相反的意见。但后者没有公开表示不同意前者的想法,而是在 02 中提及美国历史上的早期拓荒者组织——唐纳家族(donner party)。19世纪中叶,唐纳家族在拓荒途中遭遇暴雪被困,其中有人表示乐观,以为情况马上会有好转,但残酷的现实使得最终发生了人吃人的惨剧。Sheldon 字面上说的是该事件中的蠢人，实际是在将 Leonard 过于乐观的态度与唐纳事件中蠢人的盲目乐观态度进行了类比，隐蔽地表示反对他的看法。

④ 仿拟（parody）

仿拟是为了讽刺嘲弄而故意仿拟特定既成形式的修辞手段（陈望道 2001：108）。如在电视连续剧《金婚》中，主人公（即 01 中的"大志"）曾被工厂派到离家很远的地方（即以下对话中的"三线"）去工作，并在那里与另一女性发生了婚外恋。在第 22 集中，他回到了家里，茶饭不思。他的母亲（即以下对话中的婆婆）见此情景，就对儿媳说：

例（21）

01 婆婆：我说大志从三线回来以后，好像就没有胃口了。他会不
 会是得了什么<u>肝炎</u>啊？叫他到医院去检查一下。

02 儿媳：什么肝炎啊？我看他是<u>心肌炎</u>。

在上例 01 中，婆婆不知情，怀疑自己的儿子得了肝炎。而儿媳不同意婆婆的说法，原因是她听到了关于丈夫婚外恋的传言。但儿媳没有公开否定婆婆的意见，而是仿照她说的"肝炎"提出了"心肌炎"，言下之意是丈夫心里爱着别的女性。02 用仿拟掩盖了不同意婆婆意见的原因，隐蔽地实施了异议这个言语行为。

⑤ 反语（irony）

反语是使用与本意相反的词句表达说话人本意的一种修辞手法（文军 1992：330）。如在美剧 *Desperate Housewives*（《绝望主

妇》)第 6 季第 4 集中,作为女主人公之一的 Gabrielle 在青年 John
读高中时就勾引过他,两人多次发生不正当关系。后来 John 开了
一家餐馆,雇用了 Gabrielle 的侄女(一名高中生),并追求她。那
晚,John 正要开车送她侄女回家,被 Gabrielle 碰见。两人之间产
生了以下对话:

例(22)

01 Gabrielle:You remember homework,John—That thing that
　　　　　　kids in high school have to do? 记得家庭作业吧,约
　　　　　　翰——高中生必须做的那种事情?

02 John:I remember it. I think <u>you used to help me with mine</u>.
　　　　记得。我记得你过去常常帮我做家庭作业。

在上例中,Gabrielle 试图阻止 John 追求自己的侄女,但她没
有公开这么做,而是在 01 中提及相关人及相关事件——高中生要
做家庭作业,暗示了威胁对方面子的动因。这是本章第一节(一)
中第六条讨论的策略,即综合两个子策略而暗示动因。作为反击,
John 在 02 中回答说:我记得你过去经常帮我做家庭作业。在此
话中,说话人没有公开抖出听话人过去是如何勾引他的,而是使用
了"帮我做家庭作业"这个反语掩盖了威胁对方面子的动因,隐
蔽地实施了驳斥这个面子威胁行为。

⑥ 反问(rhetorical question)

反问是以疑问的形式表达确定的意思,旨在加强语势的一种
修辞手法(文军 1992:341)。如在以下来自《金婚》第 3 集的对话

中,女主人公文丽和老同学们曾一起去看望过当年教过他们的男教师,该老师用咖啡招待了大家。此后,文丽经常在家冲咖啡喝,还常对丈夫佟志表示对该男老师才华的敬佩和婚姻不幸的同情,引发了丈夫的醋意。一天,文丽又在冲咖啡,丈夫开始询问:

例(23)

01 佟志:这是什么玩意儿啊?

02 文丽:是咖啡呀。

03 佟志:我知道是咖啡。没事你弄咖啡干嘛?

04 文丽:想喝呀!

05 佟志:我怎么不知道你还想喝咖啡啊?

06 文丽:我还不知道你爱抽烟呢!

07 佟志:这是一回事吗?

08 文丽:是一回事!

在以上对话中,丈夫试图表达对妻子的不满,原因是她自从在老师那里喝了咖啡后经常在家喝咖啡,且这件事使得丈夫怀疑她爱上了或一直爱着她的老师。不过,丈夫没有公开表示自己的怀疑,而是先明知故问(01),将话题引向咖啡这个与面子威胁行为动因相关的事物;接着又询问妻子"弄咖啡干嘛"(03);之后又通过反问(05)质疑妻子喝咖啡的动机,即通过反问的方式隐蔽地表达自己的怀疑。从妻子的角度看,她似乎在对话开始时(如在02中),并没有意识到丈夫的意图;后来她理解了05中的隐性面子威胁行为,便在06中以丈夫抽烟一事进行了反击。

⑦ 同义反复(tautology)

同义反复是用不同话语重复相同意思的修辞手法(Lanham 1991：149-150)。在有些语境中,说话人通过同义反复掩盖面子威胁行为的动因。如在美剧 *Grey's Anatomy*(《实习医生格蕾》)第3季第18集中,斯坦福大学(下例01中简称为 Stanford)毕业的 Cristina 和同事 Izzie 正在谈论即将到来的新主任。前者听说新主任也是斯坦福大学毕业的,就乘机对后者炫耀起来:

例(24)

01 Cristina：I heard it was someone from Stanford. All the professors there love me ... 听说是斯坦福大学来的。那里的所有教授都喜欢我……

02 Izzie：Yeah, <u>whoever it is loves Cristina because everyone in Stanford just loves Cristina.</u> 是啊！因为斯坦福大学的每个人都喜欢克里斯蒂娜,所以谁都喜欢克里斯蒂娜。

在上例01中,说话人炫耀自己在斯坦福大学很受老师喜欢,引起了听话人的反感,也成为听话人威胁她面子的原因。在02中,Izzie 并未公开表示对 Cristina 的反感,而是通过同义反复掩盖了对她反感的原因,隐蔽地对听话人表示了蔑视或挖苦。

⑧ 引用(quotation)

引用是说话或行文中引用他人言论或文献,以增强语言说服力和感染力,阐明自己观点或抒发感情的一种修辞方式。如在电视连续剧《金粉世家》第25集中,北洋军阀统治时期的国务总理金铨一手提拔了他的学生伯言，但后者却企图篡位。一天，两人在打高尔夫球，前者没有击中，而后者一杆命中。于是，前者借机对后者说：

例（25）

01 金铨：伯言真是稳、准、狠哪！

02 伯言：<u>严师出高徒</u>哇，我的球技是总理您教出来的。（两人大笑）

　　在上例 01 中，说话人使用了双关语"稳、准、狠"，字面上评价对方的球技，实际上暗中攻击对方在争夺地位时的手腕，即使用上文讨论的双关策略掩盖了威胁对方面子的原因。伯言也不甘示弱，在 02 中引用警句"严师出高徒"并加上解释，字面上恭维对方，实际上讽刺金铨本人在争夺地位时也是心狠手辣。可见此句话引用了警句掩盖威胁对方面子的原因。除了引用警句外，常引用的还有典故、名言等。

　　由以上分析可见，说话人常使用各种修辞手法掩盖面子威胁行为的动因。当然，以上并非全部，在此不一一列举。B&L 也讨论了隐喻（1987：222 - 223）、反讽（1987：221 - 222）、反问（1987：223 - 224）、同义反复（1987：220 - 221）这些隐性礼貌策略，但并未指出这些策略可用于隐蔽面子威胁行为的动因，而对话层面的语料显示出了这一点。

　　值得一提的是，在有些语境中，说话人会综合运用多种修辞手法掩盖面子威胁行为的动因，以下即为一例。在电视连续剧《独生子女的婆婆妈妈》第 30 集中,一对中年夫妻遇见女邻居寒暄一番之后,丈夫一直盯着女邻居的背影;妻子生气了,也盯着丈夫的脸观察他是否有非分之想。丈夫随后注意到妻子的表情,两人之间产生了如下对话:

例(26)

01 丈夫:怎么了? 我脸上长花吗?

02 妻子:你脸上没长花,就怕你心里长花。

在上例中,丈夫试图威胁妻子的面子,原因是妻子盯着自己的脸观察他对异性的表情。但他并没有公开地责备妻子,而是询问了一个答案显而易见的问题(01)。作为回应,妻子在 02 中先对丈夫的问题做出了否定回答,紧接着模仿他的"脸上长花"隐蔽地批评、责备丈夫"心里长花"。02 中使用了两种修辞手法:一个是由"脸上长花"到"心里长花"的仿拟,另一个是由自然界的"花"到代表女子的"花"的隐喻,"心里长花"代表心里爱慕其他女子。同样,在例(21)的 02 中,"心肌炎"一方面在词形上仿拟了 01 中的"肝炎";另一方面,"炎"在"肝炎"中是字面义,而在"心肌炎"中是隐喻义,表示有心思。可见,它也并用了仿拟与隐喻两种修辞手法。

2. 使用指示语(deictic terms)

使用指示语 this、that、"这""那"等,相当于 B&L 所讨论的"含糊不清"(be vague)子策略。如在美国作家 Eugene O'Neil 的悲喜剧 *Now I Ask You*(《现在我问你》)第 2 幕中,男主人公 Tom 深爱着女主人公 Lucy 并与她签订了互不干涉彼此自由的协议。

后来，Lucy 与闺蜜的男友因共同的爱好越走越近。一天，Lucy 的闺蜜和她的男友来做客，闺蜜的男友趁其他人不在场时向 Lucy 表露了心迹，不料正好被进门的 Tom 撞见。之后 Tom 和 Lucy 之间发生以下对话：

例（27）

01 Tom：(awkwardly) Isn't this—going a bit too far?（尴尬地）难道这不是走得太远了吗？

02 Lucy：(calmly) What?（冷静地）什么？

03 Tom：I mean—you know—in my own house— 我是说——你知道——在我的屋子里——

在上例 01 中，Tom 想要威胁 Lucy 的面子，原因是别的异性向她表白爱意，但 Tom 没有公开提及这个原因，而是用指示语 this 掩盖了它，即通过 this 掩盖了面子威胁行为的动因。由于 Lucy 在 02 中佯装不知这个动因，Tom 在 03 中便通过提及相关地点 in my own house 暗示了面子威胁行为的动因。此为通过提及与动因相关的地点暗示动因的策略，即本章第一节（一）中所讨论的第二条策略（见第 50 页）。

3. 使用模糊语

此策略相当于 B&L 所讨论的过度归纳子策略（overgeneralize）。如在 Eugene O'Neil 的独幕剧 *Recklessness*（《鲁莽》）中，男主人公 Baldwin 从女仆处得知妻子与家里的司机（以下 02 中的 Fred）有染。为了报复，他以修车为借口安排 Fred 夜间驾驶

有问题的车外出,他的妻子Mrs. Baldwin得知后十分担心:

例(28)

01 Mrs. Baldwin:(trying to conceal her anxiety) But isn't it very dangerous to go over these roads at night in a car that is practically disabled? (试图掩盖焦虑)深更半夜开着有故障的车走在这样的路上不是很危险吗?

02 Baldwin:Fred is very careless—very careless in some things. I shall have to teach him a lesson. He is absolutely reckless especially with other people's property. You are worrying about Fred; but I am bewailing my car which he is liable to smash from pure over-zealousness. Chauffeurs—even over-zealous ones—are to be had for the asking, but cars like mine are out of the ordinary. (Mrs. Baldwin shudders in spite of herself) 弗雷德很不细心——在某些事情上很不细心。我该好好教训他。他太鲁莽了,尤其是对他人的财产。你担心他的安全,我却担心我的豪车会因为他的殷勤而粉身碎骨。司机——即使是最殷勤的,也不过是听从差遣的奴仆罢了,而我的爱车可非比寻常。(鲍德温太太战栗)

在上例01中,Baldwin 太太使用了反问的修辞手段,隐蔽地请求丈夫不要对 Fred 发出指令。Baldwin 欲拒绝这个请求,原因是 Fred 竟敢与自己的妻子发生不正当关系。不过,Baldwin 没有公开提及这个原因,而是在 02 中用 some things 这个模糊语掩盖了这个动因,并用 other people's property 这个模糊语掩盖与动因相关的人物——自己的妻子。简言之,说话人通过使用模糊语掩盖了拒绝对方请求的动因,从而隐蔽地实施了拒绝这个面子威胁行为。

综上所述,掩盖面子威胁行为动因的策略主要包含使用各种修辞手法、指示语、模糊语,可概括如下:

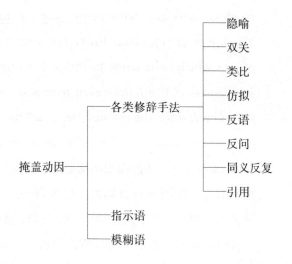

(二)掩盖不利后果的策略

此策略采取各种修辞手法掩盖对听话人不利的后果,从而隐

蔽面子威胁行为。本研究的语料显示,掩盖不利后果的修辞手法主要有:

1. 隐喻

如在英国政治喜剧 *Yes, Minister*(《是,大臣》)第 1 季第 6 集中,行政事务部负责人 Humphrey 得知大臣参加了一个众下属都参与的会议后,担心这样下去会影响自己的地位,因而责怪秘书 Bernard 不该给大臣留有空闲时间主持这样的会议,要求他用无关紧要的杂事填满大臣的工作日程。Bernard 便提到有个保护濒危动物的事情正在安排给大臣,Humphrey 听后大加赞扬。之后,两人继续对话如下:

例(29)

01 Bernard:I will try and find some more threatened species then, shall I? 我该找到更多的濒危物种,是吗?

02 Humphrey:<u>You may not have to look far. Secretaries who can't occupy their ministers are a threatened species.</u> 可能不需要到太远的地方去找。不会给大臣安排适当工作的秘书自己会成为濒危物种。

在上例中,秘书询问是不是应该再去找些濒危动物让大臣操心(01),Humphrey 没有直接回答,而将"不会给大臣安排合适工作的秘书"比作"濒危物种",所掩盖的后果是:如再不能给大臣安排无关紧要的工作,秘书就要丢掉工作了。可见,02 通过隐喻掩盖了对听话人不利的后果,从而对听话人隐蔽地实施了警告这个面子威胁行为。

2. 双关

在古装戏《铁齿铜牙纪晓岚》第1部第21集中,现任浙江总督王亶望在任甘肃巡抚时涉嫌清代第一大贪污案——"监粮"案,清代内阁大学士和珅与礼部尚书纪晓岚来杭州调查此事。期间恰巧其他民族进犯甘肃,和珅便主动请命去平定边乱。王亶望闻风设家宴款待两人,亦为和珅送行。宴席过后,王亶望安排美女以与两人探讨诗文为借口勾引两人,和珅上钩,纪晓岚拒绝。离开王家后和珅与纪晓岚之间发生了如下对话:

例(30)

01 和珅:纪先生,你觉得王亶望这场家宴味道如何呀?

02 纪晓岚:好,好吃。尤其是那道西湖醋鱼,新鲜。只是吃的时候
要格外小心,千万别让鱼刺卡了脖子。

03 和珅:你这个人讲话总是话里有话,弦外有音。……

在上例中,面对和珅的询问(01),纪晓岚对这场家宴作评论,还特别提及其中的"西湖醋鱼"。字面上它是一道菜,实际上它指王亶望派来的美女。通过双关语,纪晓岚隐蔽地提醒听话人"要格外小心",否则会被"卡了脖子"。可见,02通过双关语掩盖了对对方不利的后果:被别人抓住把柄。从03看,听话人理解了这个双关语。

3. 类比

如在美剧 *House of Cards*(《纸牌屋》)第2季第4集中,副总统 Frank 欲通过一个提案缓解政府的财政危机,但需要足够的支持票数,因此他和他的党鞭 Jackie 正在努力拉票。当后者问接下来该拉谁的票时,前者说出了一个曾与他有过节的众议院议员的名字。于是产生了以下对话:

例（31）

01 Jackie：Do you really think that's the best use of your time?
你认为见他是在最好地利用你的时间吗?

02 Frank：If I can get him to turn his people. 如果我能让他说服他的同盟。

03 Jackie：<u>That's a lot of eggs to put in one basket.</u> 那无异于把很多鸡蛋放进一个篮子里。

04 Frank：We only have one basket. 我们只有一个篮子。

在上例 01 中,Jackie 询问想拉那个议员的支持票是不是在浪费时间,言下之意是那个议员肯定不会支持听话人的;而 Frank 在 02 中对"让他说服他的同盟"仍然抱有希望;但 Jackie 在 03 中把这个想法与"把许多鸡蛋放进一个篮子里"进行类比,通过这个类比掩盖了后果——把希望寄托在那个议员身上不靠谱,从而隐蔽地实施了劝说这个面子威胁行为。

4. 反语

如在古典小说《红楼梦》第 21 回中,王熙凤的丈夫贾琏想调戏他的通房丫头平儿,平儿担心被王熙凤看见就闪到屋外。这时,恰好王熙凤走进院子,看见二人隔着窗帘在说话,她心生疑虑。于是产生了以下对话：

例（32）

01 王熙凤：要说话两个人不在屋里说，怎么跑出一个来，隔着窗
　　　　子，是什么意思？

02 贾琏：（在窗内）你可问他，倒象屋里有老虎吃他呢。

03 平儿：屋里一个人没有，我在他跟前作什么？

04 王熙凤：正是没人才好呢。

05 平儿：这话是说我呢？

06 王熙凤：不说你说谁？

07 平儿：<u>别叫我说出好话来了</u>。

在上例中，面对王熙凤的揶揄（01），贾琏与平儿分别做出了回应（02 与 03）。经过继续对话（04、05 和 06），平儿才弄明白原来01 揶揄的对象是自己①。于是在 07 中，她隐蔽地对王熙凤提出了警告：如果再攻击我，我就把你家的丑事抖出来。07 中的"好话"并非字面意思，而是指此前贾琏与丫鬟多姑娘发生关系一事。王熙凤不仅不知情，还反过来怀疑平儿，所以平儿拿此事隐蔽地警告了王熙凤。可见，此话中通过反语掩盖了对听话人不利的后果，从而隐蔽地对听话人实施了面子威胁行为。

5. 委婉语

委婉语以含蓄、令人愉悦的表达方式代替使人不悦的说法（文

————————

① 这使得 02 成为第三方插话。

军 1992：153）。例如，在美剧 *House of Cards*（《纸牌屋》）第 4 季第 7 集中，Conway 与现任总统 Frank 是竞选总统的候选人。面对自己所处的劣势，Frank 向媒体揭露了 Conway 在网上搜索选民数据的丑行。此后，Conway 受到媒体的追问与报道。Conway 意识到是 Frank 使的伎俩，便拨通了他的电话。两人之间对话如下：

例（33）

01 Conway：You know why I'm calling，Mr. President. 您知道我为
　　　　　　什么打电话吧，总统先生。

02 Frank：No，but I have been reading some curious articles.
　　　　　How long before you think it becomes <u>mainstream</u>?
　　　　　不知道。但我的确读到了一些让我好奇的文章。你觉
　　　　　得这样的报道要多久就会变成主流？

　　在以上对话 01 中，Conway 说对方知道自己打电话的意图，言下之意是他在背后搞鬼；Frank 在 02 中谎说自己不知道，但通过提及让他"好奇的文章"暗示相关事情/事件——记者对听话人搜索选民数据的报道；然后反问对方：它需要多久会变成主流？其中的"主流"是"变得家喻户晓"的委婉语。可见，说话人实际上是在隐蔽地告诉对方：你的丑闻很快就要变得家喻户晓了。通过委婉语，说话人掩盖了对听话人不利的后果，隐蔽地实施了面子威胁行为。

6. 反问

　　如在美国科幻片 *The Independence Day*（《独立日》）中，父亲

Julius 退休在家,做事缺乏耐心;儿子 David 是科学家,重视环境保护。一天,两人在公园下棋,儿子看见父亲所用的非环保水杯就对他说:

例(34)

01 David: <u>Do you know how long it takes for those cups to decompose?</u> 您知道分解那些水杯需要多长时间吗?

02 Julius: If you don't move soon, I'll start to decompose. 如果你还不走下一步,我就要开始分解了。

在上例 01 中,说话人提出了问题,但意图不在获取答案,而在于提醒听话人:使用这类水杯不易分解,会影响环境。无须回答的问题即为反问,它掩盖了对听话人(和说话人都不利)的后果——污染环境。父亲也意识到 01 所实施的隐性面子威胁行为,在 02 中他没有给出回答,而是先假设条件,然后用双关语 decompose 掩盖了后果。Decompose 在 01 中指物质分解,而在 02 中指人"死亡"。可见此处采取的是用双关语掩盖后果的策略,隐蔽地催促听话人快走下步棋。

以上为掩盖对听话人不利后果的修辞手法,但并非全部,在此不一一列举。值得一提的是,在有些语境中,说话人会并用多种策略掩盖对听话人不利的后果。例如,在以上例(34)的 02 中,说话人不仅使用了双关语,而且说对方下棋太慢会导致自己死亡也是夸张的修辞手法。又如,在上文的例(33)的 02 中也出现了两种手法:一种是反问,另一种是委婉语 mainstream。它们均掩盖了对听话人不利的后果。

　　总之,掩盖对听话人不利后果的策略可概括如下:

　　综上所述,本小节详细介绍了掩盖面子威胁行为的策略,它主要包括两类子策略:掩盖面子威胁行为动因的策略及掩盖对听话人不利后果的策略。本小节内容可概括如下:

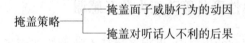

第三节　改变面子威胁行为类型的策略

第一章第一节介绍过,B&L 将面子分为积极面子与消极面子:前者指被人赞同、受人喜欢或尊重等,后者指能自由行事、不受他人指使或强迫等。B&L(1987：65 - 68)将这两种面子与说话人、听话人结合起来,观察到四种类型的面子,即说话人的积极面子与消极面子、听话人的积极面子与消极面子。与此相应,他们将面子威胁行为分为四个类型:威胁说话人积极面子与消极面子的行为;威胁听话人积极面子与消极面子的行为。例如,批评、指责等属于威胁听话人积极面子的行为;表达感谢等属于威胁说话人消极面子的行为。① 以下分别讨论。

(一)将隐性责备等改变为公开感谢

在本研究的语料中,出现了说话人故意改变面子威胁行为类型的策略,为数最多的是将批评、指责等改变为感谢。例(35)即为一例。该对话来自 Shakespeare 的历史剧 *King Richard* Ⅲ(《理查三世》)的第 4 幕第 4 场。对话的背景是:King Richard 为了王位杀害了 Elizabeth 王后的两个儿子;为了巩固政权,他又企图娶她的女儿为妻。以下对话从他向 Elizabeth 王后提出娶其女为妻开始:

---

① 他们也承认,有些言语行为既威胁积极面子也威胁消极面子。

例(35)

01 King Richard：Then know，that from my soul I love thy daughter. 那就听我讲吧，我从心灵深处喜爱您的女儿。

02 Queen Elizabeth：My daughter's mother thinks it with her soul. 我女儿的母亲要凭她的心灵来做出判断。

03 King Richard：What do you think? 您做出怎样的判断呢?

04 Queen Elizabeth：That thou dost love my daughter from thy soul. So from thy soul's love didst thou love her brothers. <u>And from my heart's love I do thank thee for it.</u> 你从心灵深处喜爱我的女儿，也曾经从你心灵深处喜爱过她的两个兄弟。<u>我从心灵深处要向你道谢。</u>

05 King Richard：Be not so hasty to confound my meaning. I mean that with my soul I love thy daughter. And do intend to make her Queen of England. 别这样急于曲解我的本意。我是说，我打心底里爱你的女儿，要把她立为英国王后。

在以上对话中，King Richard 在 01 中提出了请求；王后在 02 中表示需要考虑；当 King Richard 在 03 中问她如何考虑时；王后在 04 中没有公开拒绝，而是先提及相关人物——被 King Richard 杀害的两个儿子，暗示了面子威胁行为的动因，隐蔽地实施了拒绝这个面子威胁行为,这是本章第一节(一)中第三条讨论的暗示策略。所以当她说"我从心灵深处要向你道谢"时,并非真心实意地表示感谢,而是反语,表达了对听话人的隐蔽谴责。这种含意从听话人的回应 05 中得到了证实。从此例可见,说话人将威胁听话人积极面子的谴责改变为威胁说话人自己消极面子的致谢,通过改变面子威胁行为类型的策略隐蔽了面子威胁行为。

(二)使用反语改变话语的言外之力

B&L(1987:65)指出,有些言语行为内在地威胁面子。言下之意是有些言语行为不威胁面子。本研究的语料显示,说话人还用反语将威胁面子的言语行为改为关照或维护面子的言语行为,即试图改变话语的言外之力。以下即为一例。在美国情景喜剧 *The Big Bang Theory*(《生活大爆炸》)第 8 季第 9 集中,主人公之一 Bernadette 与丈夫 Howard 根据婚姻治疗师的建议,相互告诉对方自己喜欢对方的哪些优点。两人说着说着就从优点逐渐提到了对方的弱点:

例(36)

01 Bernadette:... I love that you make me laugh. 我喜欢你搞笑。

02 Howard:Thank you! And I love that you're strong and independent. 谢谢!我喜欢你坚强独立。

03 Bernadette:And yet, I still love when you hold a door for me. 我还喜欢你接纳我。

04 Howard:I love that I'm kind of a slob around here, and

you're okay with that. 我喜欢这点:我在家好吃懒做,你却毫不介意。

05 Bernadette:Uh-huh. And I love that I work and do all the cleaning, and you're okay with that. 哼,我喜欢这点:我又工作又做家务,你却毫不介意。

06 Howard:See, I am. Isn't it great? 是的。这不很好吗?

07 Bernadette:I love that you take pride in your looks, even I have to pee in the morning, and you're in there spending an hour on your hair. 我喜欢这点:你对外表很有信心,早上我要上卫生间,你却花一个小时在弄头发。

08 Howard:I love that you're too good to pee in the kitchen sink. 我喜欢这点:你太好了,没有在洗涤槽里撒尿。

09 Bernadette:I love that you have the confidence to speak, even without giving it an ounce of thought. 我喜欢这点:你很自信,说话可以不加思考。

10 Howard:And I love how your hair is always on the soap. It's like washing myself with a hamster. 我喜欢这点:你的头发总在肥皂上,我用肥皂的时候感觉是在用仓鼠。

在上例的 01 至 04 中,两人在互相指出对方的优点。在该剧中,丈夫好吃懒做,妻子承担了大量家务,丈夫以为妻子毫不介意,因此在 04 中赞扬妻子。但实际上,妻子对丈夫的懒惰早就心怀不满,因此她在 05 中仿拟 04 中的 I love,但表达的却是相反的意思 I hate。可见,妻子用反语改变了 05 的言外之力。而从剧中人物的表情看,丈夫并未意识到这种改变,还以为妻子真的在表扬他,于是在 06 中进一步表示对这种状态的认可。为了让丈夫明白自己的不满,妻子在 07 中继续使用反语改变话语的言外之力,即用 I love 表示 I hate。这时丈夫理解了 07 的言外之力,在 08 中也开始指出妻子的不良生活习惯,用 I love 试图改变了话语的言外之力。此后两人越说越激动,话轮 09 至 10 都仿拟 I love … 表达 I hate … 。换言之,字面上两人相互关注对方的面子,试图通过 I love 替代 I hate,但实际上都在隐蔽地批评对方生活中的不良习惯。

(三)形式化同意

除了以上两种策略外,还有一个策略——形式化同意(token agreement)也属于说话人试图改变面子威胁行为类型的策略。该策略指的是说话人在表示不同意之前,先字面上表示同意,接着隐蔽地表示不同意。此策略常含有转折词 but、"但(是)"等。B&L(1987:113-114)认为它属于积极礼貌策略,但本研究认为它属于隐性礼貌策略。原因是它符合 B&L(1987:211)对隐性面子威胁行为的定义:它不可能只有一个明确的交际意图。

如在电视连续剧《金婚》第 5 集中,女主人公文丽与婆婆因家务事产生了矛盾,便请自己的妈妈以看望婆婆为由,提醒婆婆不要干预太多。以下是两位亲家之间的对话:

例（37）

01 文丽妈：我们文丽呀，打小功课就好，在学校呢是优秀生，现在
　　　　　在单位里边是优秀教师，见了的人没有不夸她的。可
　　　　　就是有一条啊。她是我的老闺女，从小呢，让我惯了
　　　　　点，不太会做家务活。好在现在是新社会了，讲的是男
　　　　　女平等。我老说啊：文丽呀，你真是好福气呀，瞧你那
　　　　　笨手笨脚的，要在旧社会，碰到一个恶婆婆，那还不掉
　　　　　三层皮呀?! 你说是不是啊?!

02 婆婆：呃，是也是。<u>但是</u>，不管是新社会还是旧社会，等有了家
　　　　　庭吧，那个家务事总要做的吧? 其实呢，家务事也不是个
　　　　　难事情，不会做也没关系的。要把这个心放在这个家里
　　　　　就好。我那几个女儿呀，小时候也不喜欢做家务事，我硬
　　　　　是连打带骂把她们教会了呢! 现在她们的家务事啊，做
　　　　　得那是井井有条。她们几个婆婆满意得很咯!

　　在上例 01 中，说话人先提及自己的女儿从小到大都很优秀，
同时提及她的唯一不足，之后提醒对方：现在是新社会，提倡男女
平等，也不时兴婆婆管制儿媳；最后，说话人以问话的形式问听话
人对此观点的看法。面对对方的质问，02 的说话人先用"是也是"
表示同意，接着用"但是"表示转折，之后表达了自己与对方完全不
同的意见，甚至以自己怎么教女儿做家务为例，暗示对方一定要教
育女儿。可见，02 中的"是也是"只是形式上的同意，从"但是"后
面的话语看，说话人根本不同意对方的意见。从这个意义上讲，形
式化同意策略试图从字面上将不同意（disagreement）改变为同意

(agreement)，隐蔽地实施了不同意这个面子威胁行为。

下面再看该策略在英语中的使用。在美剧 *Devious Maids*（《蛇蝎女佣》）第 2 季第 7 集中，女主人公 Marisol 即将嫁给一位富商，但该富商家的女佣 Opal 对她很不友好，且似乎有不可告人的秘密。一天，Marisol 趁女佣不在打开了其抽屉，并发现了其秘密。女佣回来后，怀疑前者打开过她的抽屉，便开始询问：

例（38）

01 Opal：When you were in my room，did you happen to open my top drawer of my bureau? 你在我房间的时候，有没有打开我书桌上部的抽屉？

02 Marisol：Excuse me? 请再说一遍。

03 Opal：I usually keep it locked. 我一般都锁着抽屉的。

04 Marisol：I don't know anything about it. Why? What is in that drawer? 我什么都不知道。为什么问我呢？里面有什么？

05 Opal：Things, private things. 东西，私人物品。

06 Marisol：Well, maybe you left it unlocked by accident. 哦，也许你不经意地开着它呢。

07 Opal：<u>Perhaps, but</u> if someone was there, I'll be very angry. 也许吧。但是如果有人进来了，我会非常生气的。

在上例的 01 至 05 中，一方怀疑地询问，另一方竭力否定；在 06 中，Marisol 断言对方可能忘了锁抽屉；在 07 中，说话人先用

perhaps 表示同意，接着用 but 表示转折，并通过假设条件提及了对听话人不利的后果（即本书第 61 页讨论的暗示策略），隐蔽地对听话人实施了面子威胁行为。可见，07 的说话人并不相信 06 的断言，而是通过形式化同意及其他策略，试图从字面上将不同意改为同意。

　　综上所述，试图改变面子威胁行为类型的策略也是隐蔽面子威胁行为中的一项重要策略。说话人常将隐性责备改变为公开感谢，或将威胁面子的言语行为改为关照、维护面子的言语行为，或使用形式化同意隐蔽地表示不同意等。

　　以上讨论了说话人隐蔽面子威胁行为的主要策略。除此之外，本研究的语料也显示，还有一些策略虽然不涉及面子威胁行为的动因或后果，但也可以隐蔽面子威胁行为。以下来自 Shakespeare 喜剧 *Love's Labour's Lost*（《爱的徒劳》）第 2 幕第 1 场的对话即为一例①。对话的背景是：那瓦国君臣四人发誓要清心寡欲，拒绝一切物质享受，不近女色；可当美丽的法国公主带着侍臣和侍女前来商讨外交事宜时，那瓦国君臣四人把自己的誓言忘得一干二净，争先恐后地向法国公主和她的侍女们求爱。其中，一个名叫 Longaville 的侍臣对某个侍女一见钟情，便向法国公主的侍臣 Boyet 打听该侍女的身份。他不知道的是，Boyet 本人也爱慕那个侍女。以下是两个侍臣之间的对话：

---

① 此例在第六章第三节（二）中再次引用。

例（39）

01 Longaville：I beseech you a word：what is she in the white?
请问那位白衣姑娘是什么人?

02 Boyet：<u>A woman sometimes，and you saw her in the light.</u> 您
在光天化日之下，可以看清她是一个女人。

03 Longaville：Perchance light in the light. I desire her name. 要
是看清了，多半很轻佻。我想要知道她的名字。

04 Boyet：<u>She hath but one for herself；to desire that were a
shame.</u> 她只有一个名字，您不能要。

05 Longaville：Pray you，sir，whose daughter? 先生，请问她是谁
的女儿?

06 Boyet：<u>Her mother's，I have heard.</u> 我听说是她母亲的女儿。

　　在上例中，为了与心仪的侍女交往，Longaville 在 01、03 和 05
中向 Boyet 提了三个问题，后者分别在 02、04 和 06 中拒绝回答。
不过，后者没有公开表示自己不愿回答，而是通过不同策略隐蔽地
拒绝回答：在 02 和 06 中，说话人使用了同义反复的策略；在 04
中，他故意曲解 desire 一词的意思①。这三个话轮均没有涉及拒
绝对方的动因或后果，也未从字面上改变面子威胁行为的类型，但
同样可以隐蔽地威胁听话人的面子。可见，有些隐蔽面子威胁行
为的策略本书没有涉及。

---

① 在 03 中 desire 是"想要知道"的意思；而在 04 中它是"想要拿走"的意思。

　　综上所述,本章分三个小节分别讨论了隐蔽面子威胁行为的三种主要策略。第一节讨论了暗示策略,即说话人通过暗示面子威胁行为的动因、暗示对说话人不利的后果、提及对听话人不利(及有利)的结果而隐蔽地实施面子威胁行为的策略;第二节讨论了掩盖策略,即说话人通过各种语言手段掩盖面子威胁行为的动因、掩盖对听话人不利的后果而隐蔽地实施面子威胁行为的策略;第三节讨论了改变类型的策略,即说话人通过字面上改变面子威胁行为的类型而隐蔽地实施面子威胁行为的策略。这些都是隐蔽面子威胁行为的主要策略。在结束本章之前,本书将第三章的内容概括如下:

第四章
隐蔽面子威胁行为对象的策略

本书第二章第二节已述,隐性礼貌策略除了隐蔽面子威胁行为本身的策略外,还包含一类重要的策略——隐蔽面子威胁行为对象的策略。以下先举例说明:在对话层面隐蔽面子威胁行为的对象如何导致话语隐蔽地实施面子威胁行为,然后具体分析各子策略。

下例源于曹禺先生的《日出》。剧中主人公潘月亭(在下例07话轮中谦称"潘四")经营着一家银行,李石清是他银行的职员。在前者出现资金周转困难时,后者在背后散布各种谣言,企图趁机搞垮银行。前者在无奈之时提拔后者做了襄理,希望他不做对银行不利之事。[①] 当银行经营出现转机后,前者谴责后者并开除了他。以下是公开谴责前的隐性谴责部分:

例(40)

01 潘月亭:哦,我忘了你这两天做了襄理了。

02 李石清:经理,您这句话是什么意思?

03 潘月亭:也没有什么意思。你知道我现在手下这点公债已经是钱了么?

04 李石清:自然。

---

① 第三章第一节中例(7)中引用过下例的 03－07 话轮,见第 52－53 页。

05 潘月亭：你知道就这么一点赚头已经足足能还金八的款么？

06 李石清：我计算着还有富余。

07 潘月亭：哦，那好极了。有这点富余再加我潘四这点活动劲儿，你想想我还怕不怕<u>人</u>跟我捣乱？

08 李石清：我不大明白经理的话。

09 潘月亭：譬如<u>有人</u>说不定要宣传我银行的准备金不够？

10 李石清：哦？

11 潘月亭：或者说我把银行房产都抵押出去。

12 李石清：哦……

13 潘月亭：再不然，说我的银行这一年简直没有赚钱，眼看着要关门。

14 李石清：(谄笑)不过，经理，何必提这个？ 这不——

15 潘月亭：我自己自然不愿意提这个。不过说不定<u>有人</u>偏要提，提这个，你说这怎么办？

16 李石清：这话不大远了点么？

17 潘月亭：(冷冷地看着他)话倒是不十分远。也不过是六七天的工夫，我仿佛听见<u>有人</u>跟我当面说过。

18 李石清：经理，您这是何苦呢？ 圣人说过："小不忍则乱大谋。"一个做大事的人多忍似乎总比不忍强。

19 潘月亭：(棱他一眼)我想我这两天很忍了一会。不过，我要跟你说一句实在话：① 我很讨厌<u>一个自作聪明的人</u>在我的面前多插嘴，我也不大愿意叫旁人看我好欺负，天生的狗食，② 以为我心甘情愿地叫<u>人</u>要挟。但是我最厌恶行里的同仁背后骂我是个老混蛋，瞎了眼，昏了头，

③ 叫<u>一个不学无术的三等货</u>来做我的襄理。

在上例中,01 至 06 从字面上看似乎是一方在向另一方询问信息,其中的"你"明示了询问的对象,但从对话整体看这是面子威胁行为的前序列。在 07 中的"你想想我还怕不怕人跟我捣乱?"部分,说话人从字面上将"你"和"捣乱"的人区别开来,即把"你"和面子威胁行为的对象区别开来,但听话人似乎已经意识到两者指同一个人,也意识到此话似乎在威胁自己的面子,于是在 08 中故意表示"不大明白"07 的话意。在话轮 09 至 19 中,均没有出现面子威胁行为的对象"你"。其中的 09、11、13 通过提及听话人在背后散布的谣言,公开提及了面子威胁行为的动因。虽然这三个话轮公开提及了面子威胁行为的动因,由于话轮 09 中用"有人"隐蔽了面子威胁行为的对象,话轮 11、13 也未提及对象,所以它们均隐蔽地实施了面子威胁行为。可见,仅仅隐蔽对象也能导致话语隐蔽地实施面子威胁行为。本书的第二章第二节在结尾部分介绍第三章和第四章的主要内容时,已经说明第三章是在公开了面子威胁行为对象的前提下讨论隐性礼貌策略的,第四章是在公开了面子威胁行为的前提下讨论隐性礼貌策略的。

不过在上例中,即使对象不明确,李石清还是意识到自己就是对方谴责的对象,于是在话轮 14 至 18 中,他劝说潘月亭不提过去之事;但后者在话轮 19 中继续提及面子威胁行为的动因,通过隐蔽对象而隐蔽地谴责他:在①和③部分,"一个自作聪明的人""一个不学无术的三等货"隐蔽了对象;在②部分,"人"隐蔽了对象。在③中,虽然说话人没有公开提及面子威胁行为的对象"你",但提及了"襄理"。而本段对话的 01 中正好提及了听话人是"襄理"。至此,面子威胁行为的对象与"你"之间通过"襄理"这个中介画上了等号。总之,在以上对话中,说话人使用"人"(话轮 07)、"有人"(话轮 09、15、17)、"一个自作聪明的人"和"一个不学无术的三等货"(话轮 19)等隐蔽了面子威胁行为的对象,从而隐蔽地实施了面子威胁行为。

本研究的语料显示,隐蔽面子威胁行为对象的策略依据不同路径主要可分为三类,本研究分别将它们称作隐射策略、模糊化策略与回避策略。以下分三个小节分别讨论这三类策略。为了简洁起见,有时将"面子威胁行为的对象"简写为"对象"。

第一节　隐射策略

这类策略通过各种人或物体隐射面子威胁行为的对象,相当于 B&L(1987:226)提出的"取代听话人"(displace hearer)策略,主要包括如下:

(一)通过各种人隐射面子威胁行为的对象

这类策略在语言上表现为使用各种人名或人称指示语。具体可分为如下子策略:

1. 通过历史人物影射对象

通过历史上有影响的人物或重要历史事件中的人物隐射对象,在语言上主要表现为使用这些人物的姓名或指代其的指示语。如在电视连续剧《甄嬛传》第 22 集中,华妃凭借其兄在朝中的势力和皇帝的宠爱,一向藐视出生卑微又无势力的皇后。这次她借看戏之机,与皇后之间产生了如下对话:

例(**41**)

01 华妃:说起薛丁山征西,倒不得不提这樊梨花。你说这樊梨花千方百计地讨夫君喜欢,可是她夫君只真心喜欢别人,休了梨花三次。本宫若是樊梨花,宁可下堂求去,总比眼睁睁看着夫君人在心不在强。

02 皇后:做得正妻,就要有容人的雅量。夫君再宠爱姿室也好,正妻就是正妻。即使是薛丁山休了樊梨花三次，还不是要三请樊梨花吗？

03 华妃：① 到底是那樊梨花有身家，出身西凉将门的嫡出女儿。② <u>若是换作庶出女儿，再没有这倒海移山的本事，那可真是死路一条了</u>。您说是不是啊？娘娘！

04 甄嬛：皇后娘娘，咱们再点一出《南柯记》好不好？眼看它高楼起，眼看它高楼塌，越是显赫就越是容易登高跌重，人去楼空，谁还管嫡庶贵贱，谁还分钱财权势，不过是南柯一梦而已。

05 皇后：同是看戏，莞贵人便多有心得，难怪皇上这么喜欢和你说话。

　　在上例 01 中，华妃讲述了历史人物樊梨花三次被休的故事，由于皇后与樊梨花一样不受夫君宠爱，所以 01 实质上是通过历史人物暗讽皇后。皇后也意识到 01 在隐蔽地攻击自己的面子，便在 02 中为自己辩解。在 03 中华妃进一步隐蔽地反驳皇后：在①部分她提及樊梨花的显赫出身；在②部分假设与实际情况相反的条件（"若是换作庶出女儿，再没有这倒海移山的本事"），并假设与实际情况相反的结果（"可真是死路一条了"），暗示皇后的"庶出身份"使她不会有樊梨花那样三休三娶的幸运。由于华妃戳中了皇后的痛处，甄嬛在 04 中作为第三方插话，她引用典故"南柯一梦"，既用南柯隐射了面子威胁行为的对象——华妃，又用该故事掩盖了对听话人不利的后果——"登高跌重"。可见，04 使用了本书第三章第二节第八条所讨论的引用策略，暗中警告华妃不要猖狂。

于是皇后趁机转向对甄嬛说了 05，从字面上看她说的是皇上喜欢与甄嬛讲话的原因，实质上她隐蔽地指出了华妃不如甄嬛得宠的原因，故此话也隐蔽地威胁了华妃的面子。[①] 总之，上例中的 01、03 都用历史人物隐射面子威胁行为的对象——听话人，是典型的隐射策略。

在本研究的语料中，汉语中用于隐射面子威胁行为对象的历史人名有貂蝉、李逵、杨国忠等；英语中仅出现了美国历史事件唐纳家族中的人物，但无具体姓名。该策略出现在第三章第二节的例(20)中。

2. 通过虚构人物隐射对象

通过虚构的人物隐射对象，在语言上主要表现为使用表虚构人物的姓名或指示语等。如在美国小说 *The Scarlet Letter*（《红字》）中，女主人公白兰太太与牧师（以下对话中的 clergyman）相恋并生下一女。她受到佩带鲜红 A 字的惩罚，但为了保护牧师的名誉和地位，她始终不愿告诉任何人孩子父亲的姓名。为此，牧师心里也默默承受着煎熬，身体出现了疾病。而白兰太太失散两年多的丈夫——一位医生（以下对话中的 physician）一定要弄清她的情人究竟是谁。通过多方观察与探究，医生怀疑常来看病的牧师就是与自己妻子通奸的人，于是决定报复他。一天，医生有意摘了一把杂草，前来看病的牧师好奇地问他：

例(42)

---

① 05 使用了本章第三节（二）第一条讨论的回避策略，见第 135 页。

01 Clergyman：Where, my kind doctor, did you gather those herbs, with such a dark, flabby leaf? 好医生,你在哪儿弄到这把野草,叶子这么黑这么软?

02 Physician：Even in the graveyard here at hand. They are new to me. I found them growing on a grave, which bore no tomb stone, nor other memorial of <u>the dead man</u>, save these ugly weeds, that have taken upon themselves to keep <u>him</u> in remembrance. They grew out of <u>his</u> heart, and typify, it may be, some hideous secret that was buried with <u>him</u>, and which <u>he</u> had done better to confess during <u>his</u> lifetime. 在跟前的坟地里就有。我以前还没见过这种草。我是在一座坟墓上发现的。那座坟上没有墓碑,除了这把难看的野草也没有其他东西纪念死者。这种草从死人的心里长出来,可能显示了某种同他一起埋葬的丑恶隐私,要是他能在生前忏悔就好了。

03 Clergyman：Perchance, he earnestly desired it, but could not. 也可能,他诚心想忏悔,但又不能。

在上例01中,牧师好奇地问医生手中的杂草从何而来;医生便在02中虚构了一位墓地死者,通过杜撰其生前的故事和死后的结果隐蔽地劝告牧师主动忏悔,交代自己的罪孽;牧师在03中,字面上说的是死者,实际上隐蔽地为自己进行了辩护。简言之,在

02 中,说话人通过隐射策略隐蔽地劝说听话人承认自己的罪孽。从隐性策略上看,其中的第三人称指示语 the dead man、him、he、his 隐射了面子威胁行为的对象——听话人牧师。

有时说话人使用表虚构人物性别的词语隐射面子威胁行为的对象。如在电视系列剧《媳妇的美好宣言》第 27 集中,女主人公毛绒绒的一位异性同学一直对她很好,她的丈夫余快因此心里很不痛快。一天晚上,夫妻两人在看韩剧时产生了以下对话:

例(43)

01 余快:现在这韩国电视剧拍得太好看了,我给你讲讲啊! 这男的追这女的,死缠烂打。可是这女的人家有孩子了,你说这男的可气不可气? 你追人家干什么呀? 你说这女的也是,也不能光怪这男的。你不给他机会不就完了吗? 你拒绝他不就完了吗? 别他一约你,你就跟着一块上咖啡馆了。那不让人产生误会、产生想法吗? 哎! 太可气了!

02 毛绒绒:也许这男的,他也没别的想法呢? 他只是一味地很单纯地去关心这个女人呢?

03 余快:不可能。你看他那眼神,他那哪是单纯的眼神啊! 真要为对方好,那是保持距离的,那是在远方默默地祝福的。那不给人压力的爱才是崇高的爱。你看他那得了巴嗖的,这哪是单纯的呀?

04 毛绒绒:行,就算这男的有这意思,那可能这女的没这想法呢? 只是把他当蓝颜知己了。

05 余快:不可能,什么蓝颜知己呀?! 你前边是没看,前边两人都

抱一块去了。蓝颜知已就得抱一块去？那腻腻歪歪的，
绝对不是什么蓝颜知已。就是<u>这女的</u>有问题，你拒绝他
不就完了吗？你干嘛让他抱你呀？他非要抱你你给他掰
开，他能怎么地？还是给他机会了。

06 毛绒绒：余快，你今天有点不对啊，你以前看电视剧没那么多话
　　　　啊？我怎么觉得你今天有点较劲呢？你是不是有什么
　　　　话你说不出来，你跟着指桑骂槐呢？

07 余快：老婆，你敏感了，敏感了，我说的是电视剧。

在上例的 01、05 中，说话人字面上是在批评电视剧中虚构的
人物"这女的"，其实是用电视剧中与自己妻子性别相同的人物取
代了她，隐蔽地责备自己的妻子不该与其他异性太过亲密。虽然
在 01 中出现了"你"，但根据说话人所叙述的内容，"你"还是指电
视剧中虚构的人物，不是指听话人。总之，说话人用代词"这"加上
表性别的词"女的"隐射了面子威胁行为的真正对象，即说话人自
己的妻子，从而隐蔽地实施了责备这个面子威胁行为。为了给自
己开脱，在 02、04 中他的妻子也用"这（个）女人/的"为自己辩解，
并在 06 中怀疑他在"指桑骂槐"。

3. 通过第三人称指示语隐射对象

第三人称指示语在英语中为 s/he、her、him、his、they、them、
their 等；在汉语中为"他（人）、她"及其复数形式"他们"等。

如在第三章第二节出现过的例（18）中，皇后和妃子如玥一向
不和。一天，如妃患了眼病，皇后带着御医（01 中的"孙大人"）假
装去给她看病。双方产生了如下对话：

01 皇后：⋯⋯反正本宫今晚也要陪同皇上用膳，孙大人就尽管替如妃看看患了什么眼疾，本宫跟皇上也有个交代。

02 如玥：不必了，如玥的眼睛只是小意思，不需要劳烦皇后座下的院判大人。

03 皇后：其实有事没事并不重要，只不过大家既然来了，妹妹你就演戏演全套。

04 如玥：如玥才疏，向来只喜欢听戏。论演戏，恐怕未及他人。

05 皇后：本宫看不出妹妹双眼是否有事，不过一张利嘴就真是犹胜从前。算了，既然如妃不需要孙大人看，就随她吧！

（离开）

在上例中，由于如玥拒绝看病，皇后就认为她在装病，于是在03中隐蔽地指责她在"演戏"，并要求她"演全套"；而在04中，如玥借用对方使用的隐喻"演戏"，说自己在此方面不及"他人"。"他人"字面上是指示第三方的人称指示语，在此实际上指对方即听话人。正因如此，皇后意识到这个对象是自己，于是在05中指责对方"一张利嘴就真是犹胜从前"。总之，说话人通过第三人称指示语隐射了面子威胁行为的对象。

说话人在使用此策略时，有时直接使用表第三方身份的词语，本书第五章的例(62)话论04中的"名师高手"即为一例。

4. 通过不定指示语隐射对象

此策略相当于 B&L（1987：226）提出的"含糊其辞"策略（be vague）。在本研究的语料中，不定指示语在英语中有 someone、 somebody、anybody 等，在汉语中有"谁""这个""那个"等。[①] 以下分别举例说明。

如在美国电视连续剧 *Madam Secretary*（《女国务卿》）第 1 季第 8 集中，男主人公 Matt 与女主人公 Daisy 是同事。前者曾向后者求过婚，但后者嫁给了别人。一次，同事们在谈论刚发生的飞机失事，Daisy 说飞机失事并不是人为因素造成的，但 Matt 坚持认为一定是有人做出了错误的决定。对话如下：

例（44）

01 Daisy：Sometimes things just go wrong. Doesn't mean that it's anyone's fault. 有时事情发生错误，并不意味着哪个人有错。

02 Matt：① It's always somebody's fault. ② Somewhere along the line, a person makes a really bad decision. 总是有人错了。在那条航线的某个地方，有人做了非常糟糕的决定。

03 Blake：I'm sorry, are we still talking about the plane? 对不起，我们还在讨论飞机失事吗？

在上例 01 中，说话人对当时讨论的问题发表看法，认为有些事情不是人为错误导致的；而当时在场的听话人之一 Matt 在 02 中一语双关，字面上说这次飞机失事一定是由于有人犯了错、做出

---

① 汉语的实例请参见例（60）话轮 03 中的"这个""那个"，见第 136 页。

了错误的决定,实际上是隐蔽地指责 Daisy 对婚姻的选择是错误的。虽然他没有明示指责的对象,但在①中通过不定指示语 somebody 隐射对方,在②中用所指不确定的名词词组 a person 再次隐射了对方。正因如此,在场的另一个同事 Blake 意识到 Matt 的言外之意,于是在 03 中发出了疑问:我们是不是还在讨论飞机失事? 这个疑问正好证明了 02 是在通过隐射对象隐蔽地实施面子威胁行为。同样,在第三章第三节的例(38)中,出现了用 someone 隐射面子威胁行为对象的话轮 07: Perhaps, but if someone was there, I'll be very angry.

在汉语中,所指对象不确定的指示语常常用"谁"。在本研究的汉语语料中,多个话轮的说话人均使用"谁"隐射面子威胁行为的对象。如在《红楼梦》第 54 回中,贾府过正月十五,大家喝酒取乐。贾母给大家讲了一个故事,主要情节是:在有十个儿子儿媳的大家庭中,只有小儿媳嘴巧,最受长辈宠爱;于是其他九个儿媳(即小儿媳的妯娌们)便去阎王庙向阎王爷诉苦,恰巧遇到了孙大圣;孙大圣说那小儿媳是因为吃了他的猴尿才变得口齿伶俐的。听完故事后,大家哈哈大笑。但王熙凤感觉此故事似乎在挖苦自己,立即为自己开脱:

例(45)

01 王熙凤:好的,幸而我们都笨嘴笨腮的,不然也就吃了猴儿尿了。

02 尤氏:咱们这里谁是吃过猴儿尿的,别装没事人儿。

03 薛姨妈:笑话儿不在好歹,只要对景就发笑。

在上例中,面对 01 中王熙凤为自己开脱,她的姻娌尤氏作为听话人之一,在 02 中用表不定指的"谁"隐射了她,讽刺王熙凤口齿伶俐,擅长于讨贾母喜欢。这一点在 03 中的"对景"一词得到了印证。[①]

5. 直接通过提及说话人自己隐射对象

在本研究的语料中,英语中出现了通过提及说话人自己隐射听话人、从而隐蔽地实施面子威胁行为的策略。这种策略虽使用了第一人称指示语,但并不威胁自己的面子。如在英国时代剧 *Downton Abbey*(《唐顿庄园》)第 1 季第 1 集中,姐姐 Mary 和妹妹 Edith 一直不合。前者美丽高傲,追求者无数;后者相貌平平,常被人忽略。一次,一个让姐姐动了芳心的追求者突然放弃了追求姐姐,姐姐很是失望。妹妹 Edith 得知后挖苦她:

例(46)

01 Edith：So he slipped the hook. 他脱钩了。

02 Mary：At least I'm not fishing with no bait. 至少我不是连钓
　　　　　鱼的诱饵都没有。

在上例 01 中,妹妹嘲笑姐姐快钓到手的大鱼脱钩了;姐姐在 02 中反击时没有直指对方,而是只提及自己。但她所否定的、关于自己的状况,正好是听话人的状况。所以,说话人提及自己的意图在于隐蔽地提醒对方:用不着嘲笑我,你相貌丑陋,连吸引异性

---

① "对景"意为"应景、恰当、合时宜"。

的资格都没有。这就是英语中通过说话人自己隐射面子威胁行为的对象、从而隐蔽地实施面子威胁行为的策略。在本研究的语料中,使用这类策略的话语不在少数。

汉语中也出现了类似策略,但与英语中有所不同:在英语中说话人提及自己,并不威胁自己的面子;而在汉语中恰恰相反,说话人提及自己时常威胁自己的面子,通过公开威胁自我的面子而隐蔽地威胁对方的面子。以下来自《红楼梦》第 52 回的对话即为一例。对话的背景是:宝玉每次在大观园的诗社作诗都会因水平太差而被罚。一天,他就下次作诗的主题提出了建议:

例(47)

01 宝玉:咱们明儿下一社又有了题目了,就咏水仙腊梅。

02 黛玉:罢,罢!我再不敢作诗了,作一回,罚一回,没的怪羞的。

03 宝玉:① 何苦来! 又奚落我作什么。② 我还不怕臊呢,你倒握
　　　　起脸来了。

在上例中,面对宝玉提出的建议,黛玉试图奚落他,但她没有公开这么做,而是通过提及自己"我再不敢作诗了"、威胁自己的面子"作一回,罚一回"而隐蔽地威胁宝玉的面子。虽然她隐蔽了面子威胁行为的对象——宝玉,但宝玉还是通过她所提及的事件意识到 02 威胁了自己的面子,于是在 03 的①部分反问对方为何奚落自己。可见,英、汉语中虽然都通过第一人称代词隐射面子威胁行为的对象,但在具体策略上还存在一定差异。

总而言之,英、汉语中通过各种人隐射面子威胁行为对象的策

略丰富多样,可以概括为:

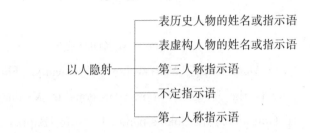

以人隐射———┬———表历史人物的姓名或指示语
　　　　　　├———表虚构人物的姓名或指示语
　　　　　　├———第三人称指示语
　　　　　　├———不定指示语
　　　　　　└———第一人称指示语

(二) 通过各种物体隐射面子威胁行为的对象

这类策略在语言上表现为使用各类修辞手段,以下分别论述。

1. 隐喻

该策略利用动物、植物、飞鸟等隐射面子威胁行为的对象。如在 Shakespeare 的悲剧 *Hamlet*(《哈姆雷特》)中,主人公 Hamlet 怀疑叔父 Claudius 弑兄篡位,便安排戏班子来王宫表演了一出戏。他邀请现任国王 Claudius 和王后(即 Hamlet 的亲生母亲,其夫被杀后很快改嫁 Claudius)前来观看,借此观察两人的反应。国王看了部分戏后,隐约感到 Hamlet 可能知道了自己杀死其父的真相,于是试探性地询问:

例(48)

01 Claudius：Have you heard the argument? Is there no offence in't? 这出戏是怎样的情节? 里面没有什么要不得的地方吗?

02 Hamlet：No，no! They do but jest，poison in jest；no offence i' the world. 不，不，他们不过开玩笑毒死了一个人；没有什么要不得的。

03 Claudius：What do you call the play? 戏名叫什么？

04 Hamlet："*The Mousetrap.*" Marry，how? Tropically. This play is the image of a murder done in Vienna：① Gonzago is the duke's name；his wife，Baptista. You shall see anon. 'Tis a knavish piece of work：but what o' that? ② Your Majesty，and we that have free souls，it touches us not. ③ Let the galled jade wince；our withers are unwrung. 《捕鼠机》。呃，怎么？这是一个象征性的名字，戏中的故事影射维也纳的一件谋杀案。贡扎古是那公爵的名字，他的妻子叫作白普蒂丝塔。您看下去就知道是怎么一回事啦。这是个很恶劣的作品，可有什么关系？它不会与陛下您和我们这些灵魂清白的人有什么相干；让那匹痛苦的老马去惊跳退缩吧，我们的肩背都是好好的。

在上例中，国王试探性的询问(01)得到否定回答(02)后，他继续询问这出戏的名字(03)，Hamlet 小心作答(04)：他在①部分说出了戏中的杀人者——公爵的名字。这里的人物是虚构的，隐射了面子威胁行为的对象——国王，所采用的正是本节(一)中第二条所讨论的策略——通过虚构人物隐射对象。为了不打草惊蛇，

Hamlet 在②部分假意说此事与国王无关；接着又在③部分使用隐喻"那匹痛苦的老马"(the galled jade)隐射听话人——国王，即通过隐喻策略隐射了面子威胁行为的对象，从而隐蔽地实施了面子威胁行为。

2. 双关

利用双关的修辞手法隐射面子威胁行为的对象，典型的例子要数电视系列剧《铁齿铜牙纪晓岚》第 25 集中的对话。对话的背景是：纪晓岚因功被封为礼部侍郎，礼部尚书和珅为了戏弄他，在庆功宴上令人牵来一条狗，并故意对他提问：

例（49）

01 和珅：这是何物啊，是狼是狗啊？

02 纪晓岚：是狼是狗？和大人，和尚书，您堂堂一品大学士，是狼
　　　　　是狗分不清楚？

03 和珅：还真分不清，分不清！

04 纪晓岚：那我得教教您了！

05 和珅：倒要领教。

06 纪晓岚：看尾巴，下拖的是狼，上竖的是狗。记住咯，上竖是狗。

07 御史大人：真是巧言舌辩，狼吃肉，狗吃粪，它吃肉，是狼是狗毫
　　　　　　无疑问。

08 纪晓岚：狼性固然吃肉，狗也不是不吃，它是遇肉吃肉，遇屎
　　　　　吃屎。

在上例 01 中，"是狼"音同纪晓岚的官职"侍郎"，所以"是狼是

狗"音同"侍郎是狗"。可见,01 字面上是就庆功宴上的那条狗提问,实际上是在隐蔽地咒骂纪晓岚"是狗"。纪晓岚自然意识到这一点,于是通过一系列的问答,在 06 中用"上竖是狗"回击了和珅。其中的"上竖"音同"尚书",尚书正好是和珅的官职。可见,双方都通过使用音似词产生的双关隐射了面子威胁行为的对象,从而隐蔽地实施了咒骂这个面子威胁行为。另一位在场的御史大人作为交际中的第三方在 07 中帮助和珅,也用"是狼是狗"的双关语隐蔽地咒骂了纪晓岚;纪晓岚在 08 中也用同样的策略反击了他:其中的"遇屎"音同"御史","遇屎吃屎"音同"御史吃屎"。

3. 借代

借代是借与某人或某物相关的事物替代该人或物的一种修辞手段(曾庆茂 2007:57)。如在电视连续剧《媳妇的美好宣言》第 13 集中,华婷露是余快的前妻,离婚后产生了复婚的想法,但后者已再婚。前者为制造机会与后者相处,故意说家门钥匙丢了,请后者来帮忙换锁。后者换完锁后让前者试钥匙,前者借机发出了感慨:

例(50)

01 华婷露:哎呀! 这钥匙怎么拔不下来啊? 看来这后配的就是不
　　　　如原装的。

02 余快:看,我怎么拔下来了,看来还得分人。

在上例 01 中,"后配的"和"原装的"字面皆指钥匙,但在此语境中分别借用于取代听话人现在的妻子和前妻。说话人通过借代的策略,表达后妻不如前妻之意,隐蔽地威胁了听话人的面子,也隐蔽地劝说听话人与自己复合。听话人也意识到 01 中所包含的隐性劝说，便在 02 中隐蔽地拒绝了她。

4. 类比

该策略只出现在本研究的英语语料中，汉语中缺乏。如在美剧 *Grey's Anatomy*（《实习医生格蕾》）第 8 季第 17 集中，男医生 Alex 曾与其异性患者产生过恋爱关系，那段恋情对他的名声造成过不良影响。这次，他正在指导实习生 Morgan，并对生病的 Mogan 格外照顾，且两人之间的关系越来越亲密。因此，他的同事 Callie 试图提醒他：

例（51）

01 Callie：You and Morgan a thing? 你和莫旦之间有情况吧？

02 Alex：No，no，her boyfriend bailed. She just needs someone to keep an eye on her. She's my intern. 没有，没有。她的男朋友临阵脱逃了，她只不过需要有个人看护。她是我带的实习生。

03 Callie：Right. You ever see one of those gorillas that likes to cuddle the little kitten and raises it as its own? 你有没有见过一个大猩猩？它喜欢搂抱小猫咪并把它当作自己的？

04 Alex：No. 没有。

05 Callie：It is called imprinting. The scared little kitten lets the big gorilla cuddle it because there's no mama cat around. Or you know，the mama cat's boyfriend left

town. 这就叫加深印象。由于妈妈不在身边,或者猫妈妈的男朋友离开了小镇,受惊吓的小猫咪就让大猩猩搂着他。

06 Alex:That?! This isn't that! 那样?! 这与那不是一回事!

在上例 01 中,说话人使用所指不明确的 a thing 暗示了面子威胁行为的动因——听话人与异性实习生之间的微妙关系,隐蔽地责备了听话人。尽管 Alex 在 02 中进行了否定并给予了解释,该同事还是没有相信他的话。于是在 03 和 05 中,说话人将听话人、女实习生之间的关系与大猩猩、小猫咪之间的关系进行了类比,其中的大猩猩隐射听话人,小猫咪隐射女实习生,暗示了两人之间关系不正常,隐蔽地劝说听话人尽早结束这种微妙关系。

综上所述,隐射面子威胁行为对象的策略可分为用人隐射与用物隐射两种,它们各自又包含多种子策略。这些子策略可概括如下:

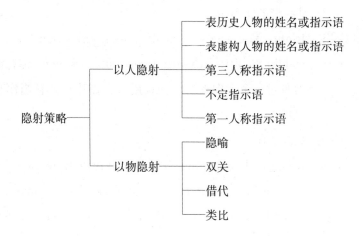

第二节　模糊化策略

模糊化策略主要通过威胁听话人所属群体的面子而使面子威胁行为的真正对象变得模糊不清,相当于 B&L(1987:226)提出的"过度归纳"策略(over-generalize)。在本研究的语料中,还有一种模糊化策略比"过度归纳"策略更为模糊,原因是它故意省略或回避面子威胁行为的对象。因此,本研究所讨论的模糊化策略主要包含两类:一类威胁包括听话人在内的一群人或一类人的面子;另一类淡化或省略面子威胁行为的对象。两类子策略的目的都是隐蔽面子威胁行为的对象,从而隐蔽地实施面子威胁行为。以下分别讨论。

(一)以听话人所属的群体将面子威胁行为的对象模糊化

此类策略在语言上表现为使用表群体的名词 people、"人"等,其前面常附加各种修饰词。此策略主要包含如下子策略:

1. 在表群体的名词前附加量词

使用表群体的名词,或在其前附加量词 many、some、a few、"许多""一些"等。

下例来自美国作家 Eugine O'Neil 的喜剧 *Ah, Wilderness*!(《啊,荒野!》)第 4 幕第 3 场。对话的背景是:主人公 Miller 先生婚后身形消瘦,而他的太太 Essie 却日渐发福。一天,夫妻二人聊天,妻子讽刺丈夫身材走形:

例（52）

01 Essie：And I'd rather have some flesh on my bones than be built like a string bean and bore a hole in a chair every time I sat down—like some people. 我倒是希望能长点肉，而不是瘦得像豆荚，甚至于坐下来都会在椅子上戳个洞——像某些人一样。

02 Miller：Why，no one'd ever call you fat，Essie. You're only plump，like a good figure ought to be. 没人会说你很胖，爱茜。你不过是丰满而已，身材正好。

　　在上例 01 中，妻子讽刺丈夫夫"瘦得像豆荚"，但没有公开指明对象，而是在表群体的名词前加上量词构成 some people 使对象模糊化；不过，丈夫还是意识到她在嘲笑自己，便在 02 中用反语 plump、good figure 等还击，他所采用的是第三章第二节第五条所讨论的修辞策略——反语。

2. 在表群体的名词前附加表贬义的修饰词

　　如在 Shakespeare 的悲剧 *Romeo and Juliet*（《罗密欧与朱丽叶》）第 3 幕第 3 场中，Romeo 因故杀人而躲到神父 Laurence 的寺院里。神父隐蔽地劝他赶快离开，而他隐蔽地拒绝。两人之间对话如下：

例（53）

01 Laurence：O，then I see that madmen have no ears. 啊！我看疯人是不生耳朵的。

02 Romeo：How should they，when that wise men have no eyes?

聪明人不生眼睛，疯人何必生耳朵呢?

在上例 01 中，神父责怪 Romeo 不听话，但他没有公开责备对方，而是在名词复数 men 前附加含贬义的修饰词 mad，构成含贬义的表群体词语 madmen，通过此策略隐蔽了面子威胁行为的对象，从而隐蔽地责备了 Romeo。尽管如此，Romeo 还是理解到对方责备的是自己，于是在 02 中顶撞了他。

3. 在表群体的名词前附加表褒义的修饰词

在上例(53)的话轮 02 中，Romeo 顶撞神父，也没有公开对象，而是在表群体的名词 men 前附加含褒义的修饰词 wise，构成含褒义的表群体词语 wise men，通过此策略加反问隐蔽了面子威胁行为的对象，从而隐蔽地责备了听话人神父对自己不理解。

4. 使用表对象身份的名词复数

在有些语境中，说话人用表对象身份的名词复数使对象模糊化。如在本书第二章第二节引用过的例(1)中：

01 Prime Minister：Humphrey，many people suspect that the public officials are using government information to get themselves directorship and lucrative quangos for their retirement. 汉弗莱，许多人怀疑政府人员利用政府内部消息为退休后谋取董事席位和回报丰厚的半国企职位。

02 Humphrey：I don't know how you could even suggest such a

thing. 您怎么能这么说呢？真是让人难以置信。

上例的 01 指出了泄密者的动机，虽没有挑明听话人就是泄密者，但使用了表听话人身份的名词复数 public officials 将其包含在内。这种通过使用表听话人身份的名词复数将面子威胁行为的对象模糊化的策略，给听话人提供了在 02 中佯装不知、继续抵赖的机会。

5. 使用表对象性别的名词

在有些语境中，说话人用表对象性别的名词使对象模糊化。如在我国电视连续剧《潜伏》第 16 集中，翠平是男主人公的妻子，女邻居晚秋对男主人公有好感。一天，两个女人相见，产生了如下对话：

例（54）

01 翠平：男人啊什么都不怕，就怕遇上个小妖精一样的<u>女人</u>，挤眉弄眼、娇里娇气的。

02 晚秋：嫂子，要说这男人在外面有女人啊，还得说明老婆笨。

在上例 01 中，说话人的意图是指责听话人勾引自己的丈夫，但她没有明确指责的对象，而是用表对象性别的名词"女人"，将面子威胁行为的对象模糊化。但听话人还是意识到对方在攻击自己，于是在 02 中通过提及对方的身份"老婆"隐蔽地嘲笑对方"笨"。02 采用的是以上第 4 条所讨论的策略。

6. 使用表对象年纪的名词

在有些语境中,说话人用表对象年纪的名词使对象模糊化。如在电视系列剧《金粉世家》第33集中,五十多岁的金铨是北洋军阀时期的政法总理。由于身体原因,他不能有过多房事。一天,妻子先问他孔子提出的君子三戒是什么,在丈夫回答之后她继续发问:

例(55)

01 妻子:哦,少年的时候需要戒色,那老年、壮年就不要戒了? 是这样说的吗?

02 丈夫:那孔子怎么会讲这一家子道理? 他只是说,一个人在不同的时期,有一个最容易犯的毛病,就对这个毛病,特别戒严。

03 妻子:虽说孔夫子的话不容后人来驳,可是依我看来还是有点不对。如今年老的人啊,他身上的毛病可不是贪钱,你信不信我这话? (金铨起身去办公室)

在上例01中,妻子质疑丈夫回答的、君子三戒中的"少年的时候需要戒色";丈夫此时尚未理解妻子问话的意图,在02中继续对其进行解释;于是妻子在03中用表示对方年纪的词"年老的人"使面子威胁行为的对象模糊化;并用否定"不是贪钱"暗示"而是贪色"隐蔽了面子威胁行为。丈夫听后意识到03在隐蔽地攻击自己的面子,于是以身体语言"起身去办公室"拒绝接受妻子的劝说。他采取了 B&L 所讨论的"不实施面子威胁行为"(Don't do the

FTA)的策略。

7. 使用第一人称指示语的复数

此策略使用第一人称指示语的复数 we、"我们"等,在威胁面子时将说话人和听话人一起包含在内,字面上指双方而实质上专指听话人,形式上威胁交际双方的面子而实质上隐蔽地威胁听话人的面子。以下来自英国政治喜剧 *Yes, Prime Minister*(《是,首相!》)第 1 季第 3 集的对话即为一例。该对话的背景是:为了应对经济危机,政府讨论通过了财政计划,但很快遭到泄露,并引起了经济波动。经过调查,首相得知是内阁秘书 Humphrey 为谋求私利,有意将计划泄露给了一家银行(即下例 03 话轮中的 Golding Bank)。于是,首相找来 Humphrey 谈话①:

例(56)

01 Prime Minister:What can you tell me about it? 你能说点什么?

02 Humphrey:I, Prime Minister, nothing. Except I'm told there are these rumors. It happens all the time. 我呀,首相,没什么可说的。我只能说谣言总是有的,经常发生。

03 Prime Minister:Oh no. This is different. Hardly anybody knew about your plan and then Golding Bank started to buying up the wads of Euros

———————

① 以下对话发生在本书第二章第二节引用的例(1)之前,见第 36 页。

this afternoon. Who tipped them off? 不，这
次不同。很少有人知道这个计划，戈登银行
今天下午已经开始大量囤购欧元。是谁给他
们通风报信的？

04 Humphrey：well，if anybody did，we'll never find out. 如果
有人这么做了，我们永远查不出来。

　　在上例 01 中，首相希望听话人坦白交代；而他 02 中拒绝回
答；于是首相在 03 中直接追问"是谁给他们通风报信的？"；
Humphrey 在 04 中回答说"我们永远查不出来"。此处虽然用的
是 we，字面上包含说话人与听话人在内，但说话人自己显然是不
想调查此事的，所以此处的第一人称指示语实际上仅指听话人首
相。故 04 的含意是：你永远查不出来。可见，此处的第一人称指
示语复数 we 起到了模糊面子威胁行为对象的作用。在本研究的
英语语料中，通过 we 将面子威胁行为对象模糊化，从而隐蔽地实
施面子威胁行为的话语不在少数。

　　另外，在有些语境中，说话人会综合使用以上策略。如在以上
例(54)的 01 中，"小妖精一样的女人"既含有贬义修饰词，又指出了
对象的性别，综合运用了以上第二条与第五条策略。总而言之，以
听话人所属的群体将面子威胁行为对象模糊化的策略可概括如下：

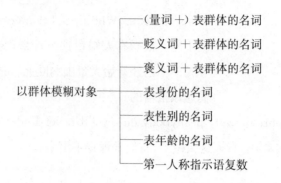

以群体模糊对象
- （量词＋）表群体的名词
- 贬义词＋表群体的名词
- 褒义词＋表群体的名词
- 表身份的名词
- 表性别的名词
- 表年龄的名词
- 第一人称指示语复数

（二）淡化或省略面子威胁行为的对象

在有些语境中，说话人会故意淡化甚至省略面子威胁行为的对象。典型的例子源自 Shakespeare 的戏剧 *Romeo and Juliet*（《罗密欧与朱丽叶》）第 1 幕第 1 场。对话中的 Sampson 与 Abraham 分别是两个有着深刻世仇家族的仆人。一天，前者与同伴在广场上商量如何对付另一个家族，恰巧后者和同伴也来了。前者便做了一个侮辱对方的手势——咬自己的大拇指，引起了后者的质问：

例（57）

01 Abraham：Do you bite your thumb <u>at us</u>, sir? 先生，你是对着我们咬大拇指吗？

02 Sampson：<u>I do bite my thumb</u>, sir. 先生，我咬了我的大拇指。

03 Abraham：Do you bite your thumb at us, sir? 你是对着我们咬大拇指吗？

......

04 Sampson： ① No，sir，I do not bite my thumb at you，sir；
② but I bite my thumb，sir. 不是的，先生。我不
是对着你们咬大拇指。但我咬了大拇指。

在上例 01 中，说话人质问对方是否对着自己咬手指。由于在
当时的语境下，对着某人咬手指这个动作意味着侮辱某人，所以
01 实际上是在隐蔽地质问对方是否把自己一方当作面子威胁行
为的对象；而 02 的说话人回答时故意省略对象，欲通过省略不提
而将面子威胁行为的对象模糊化；但 Abraham 却不善罢甘休，继
续在 03 中追问；Sampson 在与同伴权衡了利弊①之后，才在 04 的
①部分澄清并非侮辱对方；但他并不想完全否认自己对对方的侮
辱，于是仍然加上了②部分。

汉语中也有类似策略，见以下来自《红楼梦》第 21 回的对话。
对话的背景是：贾母的内侄孙女史湘云来贾府玩，与黛玉住在一
起，宝玉便经常去她们的房间厮混。这天，宝玉一大早就去她们房
里，顺便在那儿洗漱，还让湘云给他梳头。与宝玉最为亲密的大丫
鬟袭人心生醋意，觉得一向由她服侍的宝玉不再需要自己了。宝
玉见她生气，便问：

例(58)

01 宝玉：怎么动了真气？

———————————

①　话语被省略。

02 袭人:(冷笑)① 我那里敢动气！② 只是从今以后别进这屋子
　　了。③ 横竖有人伏侍你,再别来支使我。我仍旧还伏侍
　　老太太去。

　　在上例 02 中,①部分是反语;②部分故意省略了对象,说话人
似乎在说自己、又似乎在说宝玉"从今以后别再进这屋子",使得面
子威胁行为的对象模糊不清。以往研究(胡欣裕 2012)将此称为
零代词,认为它有助于避免突出所指对象,使对象带有一定模糊
性,因而话语显得礼貌委婉。

　　综上所述,模糊化策略主要包含两类子策略:第一类用表群体
的名词或其复数使对象变得模糊不清;第二类淡化或省略面子威
胁行为的对象。本小节的内容可归纳如下:

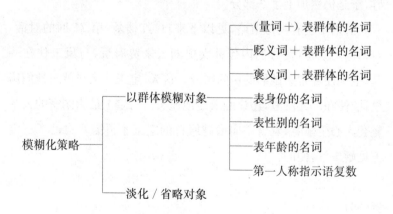

第三节　回避策略

　　第一节和第二节所讨论的都是说话人直接面对面子威胁行为的对象说话而采取的策略。还有一类策略,说话人为了回避面子威胁行为的对象,主动对在场的第三方说话,或利用在场第三方插话的机会而转向第三方。本研究将这类通过回避对象而隐蔽地威胁对象面子的策略称为回避策略。以下分别讨论。

（一）主动对在场的第三方说话

　　如在《红楼梦》第 21 回中,王熙凤的丈夫贾琏因故搬出去住了半个月,期间勾搭上了贾府的丫鬟,回来后还特意留着其一撮头发作纪念。通房丫头平儿收拾包袱时发现了这撮头发,贾琏担心她告诉王熙凤,企图抢回头发。二人正争执不下,听见王熙凤来了,贾琏小声求平儿不要声张。之后王熙凤与平儿之间产生了以下对话:

例(59)

01 王熙凤:前日拿出去的东西,都收进来了没有?

02 平儿:收进来了。

03 王熙凤:可少什么没有?

04 平儿:我也怕丢下一两件,细细的查了查,也不少。

05 王熙凤:<u>不少就好,只是别多出来罢?</u>

06 平儿:不丢万幸,谁还添出来呢?

07 王熙凤:<u>这半个月难保干净,或者有相好的丢下的东西:戒指、汗巾、香袋儿,再至于头发、指甲,都是东西。</u>(一席话,说的贾琏脸都黄了。贾琏在凤姐身后,只望着平儿杀鸡抹脖使眼色儿。)

08 平儿:怎么我的心就和奶奶的心一样!我就怕有这些个,留神搜了一搜,竟一点破绽也没有。奶奶不信时,那些东西我还没收呢,奶奶亲自翻寻一遍去。

09 王熙凤:傻丫头,<u>他便有这些东西,那里就叫咱们翻着了!</u>

在上例中,王熙凤虽然问的是平儿,但实际针对的是在场的另一个听话人——自己的丈夫贾琏。从 02、04、06 中可见,平儿对这一点似乎并不明白;但从 07 及其所产生的言后效果——"贾琏脸都黄了"、对着平儿"使眼色儿"等身体语言看,贾琏已经意识到:王熙凤虽在对平儿说话,实际上是在威胁他自己的面子。同样,在 09 中,王熙凤继续反问平儿,采用的也是回避面子威胁行为对象的策略。

(二)利用第三方插话的机会转向第三方

此类策略根据第三方有无主动插话意向分为第三方有意插话与无意插话。

1. 利用第三方的有意插话

此策略从本章第一节(一)中所引用过的例(41)中不难看到:

01 华妃：说起薛丁山征西，倒不得不提这樊梨花，你说这樊梨花千方百计地讨夫君喜欢，可是她夫君只真心喜欢别人，休了梨花三次，本宫若是樊梨花，宁可下堂求去，总比眼睁睁看着夫君人在心不在强。

02 皇后：做得正妻，就要有容人的雅量，夫君再宠爱妾室也好，正妻就是正妻，即使是薛丁山休了樊梨花三次，还不是要三请樊梨花吗？

03 华妃：到底是那樊梨花有身家，出身西凉将门的嫡出女儿，若是换作庶出女儿，再没有这倒海移山的本事，那可真是死路一条了，您说是不是啊？娘娘！

04 甄嬛：皇后娘娘，咱们再点一出《南柯记》好不好？眼看它高楼起，眼看它高楼塌，越是显赫就越是容易登高跌重，人去楼空，谁还管嫡庶贵贱，谁还分钱财权势，不过是南柯一梦而已。

05 皇后：同是看戏，<u>莞贵人便多有心得，难怪皇上这么喜欢和你说话</u>。

　　在上例的 01 至 03 中，华妃与皇后借历史人物樊梨花的故事相互隐蔽地威胁对方的面子；04 是第三方甄嬛的有意插话，它引用过了典故"南柯一梦"暗中警告华妃不要猖狂；于是皇后利用第三方插话的机会转向对甄嬛说话，05 从字面上看说的是皇上喜欢与甄嬛讲话的原因，实质上她隐蔽地指出了华妃不如甄嬛得宠的原因。可见，此话利用第三方有意插话的机会而转向对第三方说话，隐蔽地威胁了目标听话人华妃的面子。

2. 利用第三方的无意插话

在有些语境中,第三方的无意插话也会被交际者利用。如在张爱玲的小说《金锁记》中,玳珍和七巧分别是旧上海姜家的大媳妇和二媳妇,妯娌之间的对话从批评生活挥霍、不务正业的三少爷(以下对话中的"三弟")开始:

例(60)

01 玳珍:……咦? 那么些个核桃,吃得差不多了。再没有别人,准是三弟。害人家剥了一早上,便宜他享现成的!

02 七巧:钱上头何尝不是一样? 一味地叫咱们省,省下来就让人家拿出去大把的花! 我就不服这口气!

03 玳珍:那可没有办法。人多,明里不去,暗里也不见不去。管得了这个,管不了那个。

04 小双:奶奶,舅爷来了。

05 七巧:舅爷来了,又不是背人的事,你嗓子眼里长了疙瘩是怎么着? 蚊子哼哼似的!

06 玳珍:你们舅爷原来也到上海来了。咱们这儿亲戚倒都齐全了。

07 七巧:不许他到上海来? 内地兵荒马乱的,穷人也一样的要命啊!

在上例中,01 和 02 分别是妯娌二人对大家庭的人和事的抱怨,可见对话开始时两人的立场是倾向一致的。但在 03 中大媳妇却把攻击目标转向了二媳妇:虽然她用表示不定指的指示语"这个""那个"隐蔽了面子威胁行为的对象,即使用了第四章第一节(一)第四条中所讨论的隐射策略,但由于故事中二媳妇经常暗地里把大家庭的物品通过她的哥哥(04、05 中的"舅爷")偷走,所以二媳妇明白 03 是在攻击自己的面子。但佣人小双并不知情,恰好这时她前来通报舅爷来到的消息,即 04 为第三方无意插话;于是二媳妇抓住了机会转向对第三方说话(05):表面上她训斥佣人,但实际上是回应 03,即隐蔽地斥责玳珍。此后的 06 和 07,两人继续交锋。

综上所述,从本研究的语料看,利用在场的第三方回避与面子威胁行为的对象直接发生冲突,也是隐蔽面子威胁行为对象的重要策略之一。

隐蔽面子威胁行为对象的策略,除了以上讨论的隐射策略、模糊化策略和回避策略外,还存在一些其他策略。如在交际中,一方试图威胁另一方的面子,后者却暗中更换了对象,从而隐蔽地实施面子威胁行为。以下我国古代三国故事中的一段对话即为一例。① 对话的背景是:蜀国的首领刘备曾派手下伊籍出使吴国,吴国首领孙权早就知道伊籍有雄辩的口才,便想试一试他。当伊籍入拜时,双方产生了以下对话:

例(61)

01 孙权:奉事无道君主,辛苦吧?

02 伊籍:一拜一起,不足为辛苦。

---

① 此例来源于《舌上风暴:辩论口才与辩论技法大全集》第 19 章。

在上例 01 中，孙权用"无道君主"暗指刘备，假意关心听话人给刘备当手下是否"辛苦"。由于听话人与刘备是相同站位，所以此话实际上威胁了听话人的面子。于是，听话人在 02 中更换了"无道君主"的对象，用此暗指孙权，说自己"一拜一起"，不算辛苦。

总之，在实际交际中，说话人会依据语境的需要或语境提供的可能，采取多种策略隐蔽面子威胁行为的对象，从而隐蔽地实施面子威胁行为。本章主要讨论了隐蔽面子威胁行为对象的策略，内容可归纳如下：

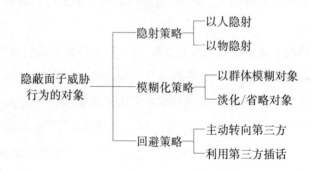

以上所讨论的三类子策略分别可用下图4.1、4.2和4.3表示：

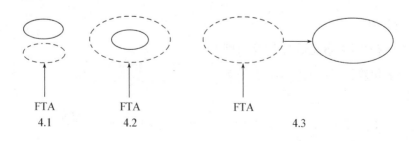

在以上三个图中,带箭头的线段表示面子威胁行为的指向;虚线圈表示面子威胁行为的虚假对象,实线圈表示面子威胁行为的真实对象。面子威胁行为表面上指向虚线圈,实际上指向的是实线圈。三个图所表现的策略分别是:

图 4.1 表示本章第一节所讨论的隐射策略。其中虚线圈是实线圈的映射图像,虚线圈既可能是真实或虚构的人,也可能是物。这些人或物隐射了面子威胁行为的真实对象,从而使话语隐蔽地实施了面子威胁行为。

图 4.2 表示本章第二节所讨论的模糊化策略,其中虚线圈大于实线圈。由于面子威胁行为对象的扩大使得真实的对象变得模糊,因此话语隐蔽地实施了面子威胁行为。

图 4.3 表示本章第三节所讨论的回避策略。其中,面子威胁行为字面上指向虚线圈(即在场的第三方),但实质上指向的是实线圈。由于回避了面子威胁行为的真实对象,话语隐蔽地实施了面子威胁行为。以上三类策略在英、汉语言中均有使用,在细节上存在一定差异。

另外,本研究的语料显示,三类子策略之间并非相互排斥而是相互融合的,有些话语同时使用了两种甚至三种策略。因此,以上三个图之间也并非相互独立,它们可以相互交叉。故在实际交际中,隐蔽面子威胁行为对象的策略可能比以上三个示意图更加复杂。

第五章
隐蔽面子威胁行为及
对象的策略

本书的第三章讨论了隐蔽面子威胁行为本身的策略,第四章讨论了隐蔽面子威胁行为对象的策略,这些策略均为典型的隐性礼貌策略。但是,在有些话语中,由于会话层面提供了可能性,第三章与第四章所讨论的策略可同时使用。也就是说,说话人既隐蔽了面子威胁行为本身,又隐蔽了面子威胁行为的对象。

从理论上看,第三章所讨论的隐蔽面子威胁行为的各子策略都可以与第四章所讨论的隐蔽对象的各子策略组合,从而生成无数个既隐蔽面子威胁行为又隐蔽面子威胁行为对象的策略,以适应各种语境的需求。正因为此,本章所要讨论的策略不再像第三、四章那样分类,而只举例加以分析。

在小说《白鹿原》中,刘军长是民国时期的军阀头子,曾在白鹿原一带强行征粮,引起民众强烈愤慨;朱先生是白鹿村德高望重的教书先生。前者欲攻打西安,听说后者能识天相,便准备来拜访他以求问攻打西安是否会成功。朱先生得知后,特地吩咐厨师准备了豆腐熬肉。刘军长吃了这道特殊的菜后,对厨师评论起来:

例(62)

01 刘军长:朱先生,你的厨师是不是个生手外八路?①

---

① "生手外八路"是方言,意为"新手""外行"。

02 朱先生：这是方圆有名的一位名厨。

03 刘军长：① 豆腐怎能跟肉一锅熬？② 豆腐熬得成了糊涂熬得
　　　　　　发苦，肉还是半生不熟嚼不烂。③ 他竟是名厨高手？[1]

04 朱先生：<u>豆腐熬肉这类蠢事</u>往往都是<u>名师高手</u>弄下的。

　　在上例 01 中，说话人威胁听话人的面子，原因是对方提供了
一道让他不满意的菜。于是，说话人通过提及与这个原因相关的
人——厨师暗示了面子威胁行为的原因，即采取了第三章第一节
（一）第三条所讨论的暗示策略，从而隐蔽地实施了面子威胁行为。
而 02 的说话人替厨师辩解，反驳了听话人；03 的说话人用两个反
问①、③ 及对菜的负面评价② 反驳了听话人。在 04 中，"豆腐熬
肉这类蠢事"字面上与前面的话轮相关联，实际上指听话人想攻打
西安这件事是蠢事；"名师高手"字面上指做菜的厨师，实际上指刘
军长。换言之，04 既用双关语掩盖了面子威胁行为的原因，又用
厨师隐射了面子威胁行为的对象，即综合运用了第三章第二节
（一）第二条讨论的掩盖策略与第四章第一节（一）所讨论的隐射策
略。遗憾的是，听话人没有意识到，说话人用这些策略隐蔽地告诉
他：不宜攻打西安。故事后来的情节是：刘军长兵败如山，"忽然想
起朱先生……似乎那碗熬成糊涂熬得发苦的豆腐和生硬不烂的肉
块也隐喻着今天的结局"。从另一个角度看，像 04 这样隐蔽程度
高的面子威胁行为，不易被听话人理解。

　　以下再举一例。在美剧 *Desperate Housewives*（《绝望主妇》）

---

　　[1]　"熬得成了糊涂"是方言，意为"熬成了糊"。

第 1 季第 20 集中,家庭主妇 Bree 在与丈夫 Rex 分居期间,曾与药剂师 George 相好,但后来她还是回归了家庭。她与丈夫在一次花展中遇见了 George,三人见面后产生了以下对话:

例(63)

01 George：So are you going to make a purchase today? 今天你们会买花吗?

02 Bree：Do you know, I have finally convinced Rex to buy his first orchid. 我终于劝瑞克斯买了第一盆兰花。

03 George：① Make sure you study up. ② I hate <u>people</u> ③ who <u>own precious flowers who don't know how to take proper care of them</u>. 你真该好好学习养花。我讨厌拥有珍贵的花朵但不知如何照顾的人。

04 Rex：① You know what I hate? Weeds. ② They just pop up out of nowhere, and you have to work so hard to get rid of them. 你知道我讨厌什么吗? 野草。它们不知从哪里冒出来,很难铲除。

05 George：I find with the right chemicals, you can get rid of almost <u>anything</u>. 如果用对了药物,几乎什么东西都能铲除。

在以上对话中,01 是问候,02 是应答,均未实施面子威胁行为。而 03 就不同了:从其中①部分的字面上看,说话人要求听话人学习养花,因而公开威胁了其消极面子;而从该部分的下文和故事情节来看,说话人一语双关,是在要求听话人学会好好对待自己的妻子,因而隐蔽地威胁了其另一个方面的消极面子。在 03 的②部分,I hate … 威胁听话人的积极面子;people 是表群体的名词,受其后③部分的修饰。当②与③两部分结合在一起时,字面义是讨厌拥有珍贵的花朵却不知如何照顾的人;含意是讨厌那些有好妻子却不知珍惜的人。其中②与③虽然在语法上是修饰与被修饰的关系,语义上却存在因果关系。也就是说,"拥有珍贵的花朵却不知如何照顾"是"我讨厌"的原因。因此可以说,一方面,03 使用了第四章第二节(一)第一条所讨论的模糊化策略隐蔽了面子威胁行为的对象;另一方面,它使用了第三章第二节(一)第二条所讨论的双关策略掩盖了面子威胁行为的动因。可见在此话中,面子威胁行为的对象与面子威胁行为均得到隐蔽。尽管如此,听话人 Rex 还是意识到对方在攻击自己,于是他以牙还牙。他在 04 的①部分一方面仿拟了 03 中的句式 I hate … ,另一方面运用了自问自答的设问句;在②部分明示了自己痛恨"野草"的原因。04 字面上是陈述说话人为何痛恨野草,实际上将 George 比作"野草",隐蔽地指责他不该出现在说话人的生活中。故 04 通过陈述讨厌野草的原因掩盖了讨厌听话人的原因,即通过双关语掩盖了面子威胁行为的动因,从而隐蔽了面子威胁行为,也就是采用了第三章第二节(一)第二条所讨论的双关策略。另一方面,"野草"(weeds)是复数,也具有使面子威胁行为对象模糊化的作用,故 04 既采用了第四章第一节(二)第二条所讨论的双关隐射策略,又采用了第四章第二节(一)第一条所讨论的模糊化策略隐蔽了面子威胁行为的对象。尽管面子威胁行为的动因与面子威胁行为的对象都被隐蔽了，George 还是意识到对方在攻击自己，便在 05 中进一步反击。05 中的不定代词 anything 虽常用于指物，但在此语境中用于指人，相当于 anybody。本书在第四章第一节（一）中的第四条讨论了用不定指示语如 anybody 隐射面子威胁行为对象的策略，此话轮中的 anything 属于此策略中的特例。故事情节的发展印证了 05：后来 George 利用工作之便，通过配药将经常到他诊所来拿药的 Rex 谋杀了。总之，上例中的 03、04 采用了第三章所讨论的隐蔽面子威胁行为的策略与第四章所讨论的隐蔽面子威胁行为的策略。在本研究的语料中，通过以上两类策略隐蔽面子威胁行为及其对象的实例不在少数。

从礼貌程度来看，既隐蔽了面子威胁行为、又隐蔽了面子威胁行为对象的话语比只隐蔽一个要素的话语更为礼貌。从另一方面看，其隐蔽程度也更深，以至更难以理解。如在以上例（62）中，因面子威胁行为及其对象均被隐蔽，刘军长未能理解到这两个方面，盲目进攻西安惨遭失败后，才意识到朱先生话语的隐含之意。

综上所述，第三章讨论了隐蔽面子威胁行为本身的策略，第四章讨论了隐蔽面子威胁行为对象的策略，第五章讨论了两者都隐蔽的策略。值得强调的是，每一章都不能囊括所有的相关策略。原因是语境错综复杂，交际者所使用的策略也会随之千变万化，故本书所讨论的只是交际中常见的、有共性特征的隐性礼貌策略。

第六章
隐性礼貌策略的理据

第三、四、五章讨论了隐性礼貌策略所包含的子策略,是本研究的描写部分;本章从理论上探讨这些策略产生的理据,是本研究的解释部分。

隐性礼貌策略这个概念是 B&L(1987/1978)提出来的,指说话人为了降低面子威胁程度而使用的一系列策略,它们与公开威胁面子的一系列策略是相对而言的。从本质上看,B&L 所探讨的面子威胁策略其实就是一种人际面子管理模式(冉永平 2012)。正因如此,英国学者 Spencer-Oatey(2000,2002,2008)在 B&L 面子理论的基础上提出了人际关系管理模式。她把人际关系管理(management of interpersonal relations)也称作社会关系管理(management of social relations)(2008:3)或和谐管理(rapport management)(2008:12)。本研究将其理论称为人际关系管理理论,也称社会关系管理理论,或和谐管理理论,本书不加区别地使用这三个概念。总之,该理论认为,和谐管理就是对人际和谐-不和谐的管理(the management of harmony-disharmony)(2008:13)。

Spencer-Oatey(2008:12)指出了人际关系管理理论与 B&L 礼貌理论之间的联系与区别。两者之间的联系是:前者主要基于后者,尤其关注面子概念,因此它与后者一样,讨论人们使用语言建构、维护并/或威胁社会关系的方式。两者之间的区别有二:一是 B&L 的礼貌理论只关注面子,而人际关系管理理论不仅关注面子管理(management of face)，还包含社交权与义务管理(management of sociality rights and obligations)、交际目标管理(management of interactional goals)；二是 B&L 的面子概念似乎只关注自我，而和谐管理理论更注重在自我与他人之间取得平衡。总之，人际关系管理理论虽基于 B&L 的面子理论，但比面子管理宽泛得多。因此，本研究拟以人际关系管理论为基础，解释交际中的隐性礼貌策略。以下第一节对该理论的内容做简要介绍；第二节分析该理论的优点与不足，并对其进行了修补；第三节依据该修补后的和谐管理模式解释隐性礼貌策略。

第一节　人际关系管理论及其相关研究

所有语言都有两种功能：一是传递信息，二是管理社会关系。Spencer-Oatey 提出的人际关系管理论关注的是后者。该理论主要包含四个方面：和谐管理的内容、和谐管理的策略、影响和谐管理策略的因素以及和谐管理的结果。以下分别介绍。

（一）和谐管理的内容

和谐管理的内容（Spencer-Oatey 2008：12 - 17）包括面子管理、社交权与义务管理、交际目标管理三个相互联系的成分，以下分别介绍。

1. 面子管理

第一章已述，B&L(1987/1978)提出的面子包含积极面子与消极面子，Spencer-Oatey 改组并细化了 B&L 面子概念的内容。她将 B&L 的积极面子称为面子；将其消极面子归属于社交权。在此基础上 Spencer-Oatey 提出，和谐管理包括三个相互联系的主要方面：一是面子管理，二是社交权与义务管理，三是交际目标管理。其中，面子是人们的价值感、尊严感、荣誉感、身份感，与尊重、荣誉、地位、名声、能力等相关联。面子表现在个体（individual）、集体（collective）和关系（relational）三个层面上。个体层面的面子是个人性格、外表、能力等方面的积极社会价值；集体层面的面子是个体所属群体的积极社会价值；关系层面的面子是个体与他人之间关系的积极社会价值。在人际交往中,任何一个层面的面子受到威胁,都会影响人际和谐(Spencer-Oatey 2008：13 - 15)。

2. 社交权与义务管理

人际关系管理论中的社交权与义务管理反映了人们对公平、行为适切性等的关注,涉及对社会期待的管理。社会期待是一个人与他人交际时认为自己应有的基本社会权利。人们依据他们所认定的社交权和义务形成行为期待,如果所期待的行为没有出现,人际和谐就会受到影响。社交权可再分为两个方面:平等权(equity rights)与交往权(association rights)。前者指交际主体应得到公平对待,不被他人干预、控制、利用等,相当于 B&L 的消极面子;后者指交际主体享有与他人交往的权力,在交往中分享情感与兴趣、得到尊重等。

3. 交际目标管理

人际关系管理论中的交际目标可以是人们交际时的具体任务,也可以是人们在交际中所要建立或维持的关系。前者是事务性目标(transactional goals),后者是关系性目标(relational goals),两者可以同时并存。如果交际目标没有达成,也会影响人际和谐。

与以上相应,三个方面的行为即面子威胁行为(face-threatening behaviour)、交际权威胁或义务缺失行为(rights-threatening/obligation-omission behaviour)、目标威胁行为(goal-threatening behaviour)(2008：17)均会威胁到人际和谐。

(二) 和谐管理策略

B&L 的面子理论认为，为了降低面子威胁程度，说话人会从五种礼貌策略中做出选择。同样，Spencer-Oatey 的人际关系管理论也认为，为了管理人际的和谐与不和谐，交际者会采用和谐管理策略（Spencer-Oatey 2008:21 – 31）。和谐管理策略存在于五个相互联系的领域：第一个是言外行为域（illocutionary domain），即 B&L（1987/1978）讨论的言语行为领域；第二个是语篇域（discourse domain），涉及语篇的内容与结构，包括话题选择、信息的组织与排序等；第三个是参与域（participation domain），涉及会话的程序方面，如话轮转换（话轮内停顿、话轮转换的权利与义务等），也涉及交际现场人员的包含与排除等；第四个是文体域（stylistic domain），涉及会话中语调的选择、适合文体的词汇和句法选择、适合文体的称呼语或敬语的选择等；第五个是非言语域（non-verbal domain），涉及会话时的姿势、眼神、身体移动等身体语言。总之，在 Spencer-Oatey 看来，每一门语言都提供了和谐管理的各种策略，且所有语言的每个层面都在和谐管理的五个领域中发挥着作用。

(三) 影响和谐管理策略的因素

在 B&L 的面子理论中，三个要素（即权势、距离、强加程度）影响着交际者对面子威胁程度的估算，从而影响礼貌策略的选用。在人际关系管理论中，Spencer-Oatey 也提出了影响和谐管理策略的三套（set of factors）要素（Spencer-Oatey 2008：31 – 42），即和谐取向(rapport orientation)、语境变量(contextual variables)、语用原则与规约(pragmatic principles and conventions)。以下分别介绍。

1. 和谐取向

和谐取向分为四种：第一种是和谐提升取向（rapport enhancement orientation)，即增进、加强或提升交际者之间和谐关系的愿望,如向孤独的人伸出友谊之手;第二种是和谐维护取向（rapport maintenance orientation)，即维持或保护交际者之间现有和谐关系的愿望,如选用恰当的称呼语和敬语;第三种是和谐忽视取向(rapport neglect orientation)，即对交际者之间关系的质量缺乏关注或兴趣,如在应付紧急情况时;第四种是和谐挑战取向（rapport challenge orientation)，即挑战、损坏或破坏交际者之间和谐关系的愿望,如对以往的冒犯进行报复。当然,这些和谐取向无法观察表象,只能从人们所使用的和谐管理策略中加以推知;有时甚至很难将它们区分开来((Spencer-Oatey 2008：33)。

2. 语境变量

语境变量也分为四种：第一种是交际者及其之间的关系(participants and their relations)，包括权力（power)、距离(distance)、权力与距离之间的关联(interrelationship between power and distance)、交际者的数量(number of participants)等;第二种是信息内容(message content)，即对受损-受益的考量(cost-benefit considerations);第三种是社会角色或交际角色(social/interactional roles);第四种是活动类型(activity type)，如在求职面试中,听话人期待说话人"推销"自己而不显自傲;在颁

奖仪式上,人们期待受奖者少谈自己的成就,将成绩归功于他人。简言之,这四种语境变量均影响着和谐管理策略。基于以往经验,交际者对这些语境变量事先均有设想;但在交际过程中,交际者对这些变量的整体估算(overall assessments of context)会发生动态变化。于是,交际者最初的设想与交际的动态性相互作用,既影响着产出的话语,又受所产出话语的影响。

3. 语用原则与规约

语用原则与规约包括社会语用原则及语用语言规约(Spencer-Oatey 2008：40 - 42)。前者指 Leech(1983)提出的六条礼貌准则;后者影响着具体语境中语用意义的传递方式。和谐管理的五个领域均具有在具体语境中传递语用意义的语用语言规约,且所有的规约都带上了语境特征(All the conventions are context specific)。

(四)和谐管理的结果

和谐管理的结果(Spencer-Oatey 2008：42 - 44)是产生了不同的和谐取向,与上文所提及的和谐取向类型基本相同。也就是说,结果是交际者之间的和谐程度可能提升,也可能维持,或者降低。当然,和谐管理的感知结果并不总是与当初的取向保持一致,而且不同的交际者所感知到的结果也可能不同。其缘由很多,其中之一是和谐管理中的文化差异。

综上所述,人际关系管理论从社会关系管理视角提出了分析语言运用的框架,是一种比面子理论更为宏观的人际和谐管理模式(冉永平 2012)。该理论的优点引起了一些学者的兴趣,他们围绕该理论主要做了如下研究：

第一，不同语言或文化之间的和谐策略对比。Aoki(2010)讨论了泰国人和日本人在小组讨论中如何构建和谐，并得出结论：即使是在这两个非常重视和谐的集体文化中，构建和谐的语言策略也存在着明显的差异。Zhu(2017)对比了中国、英国大学的硕士研究生在学术请求类电子邮件中，如何管理与导师之间的和谐及关系。该研究探讨了两者在言外行为域、语篇域、文体域中的和谐管理策略，归纳了中英和谐策略之异同。

第二，不同言语行为的和谐管理倾向或策略。García(2009)研究了秘鲁的西班牙母语者在表示祝贺(congratulations)时所表现出的和谐管理倾向。Ho(2011)比较了两组英语教师在电子邮件中发出请求(request)时如何管理和谐。Zhu(2014a,2014b)从和谐管理角度分析了汉语母语者使用英语表示强烈异议(strong disagreement)的特征，发现强烈异议主要用于维护或增强和谐，而不是破坏和谐。Sheikhan(2017)探讨了波斯人表达同情(sympathy)所表现出的和谐管理倾向。陈倩、薛媛(2017)分析了在多人参与的网络动态交际中，干预(intervention)所体现的语用特征及负面语用效果。陈新仁(2018a:107-116)将和谐管理论与语用身份相结合，解释了汉语中的尊人话语。

第三，不同语境中的和谐管理策略。Planken(2005)比较了在跨文化商务谈判中职业与非职业谈判者构建和谐工作关系的策略。Campbell等人(2006)探讨了销售商的哪些和谐策略能够赢得顾客信任，有助于确立买卖关系。Paramasivam(2011)探讨了马来西亚语在空中交通管制语境下的和谐管理特征。Lauriks等人(2015)探讨了在南非的小生意场合,说话人为了自己的利益如何使用和谐管理策略。Ho(2017)分析了当旅客不满旅店服务时,旅客如何管理和谐。

第四,人际关系管理论视角下的影视文学作品语言研究。例如,刘晓玲(2011)的博士论文以人际关系管理论为框架,对《红楼梦》人物话语中的委婉语进行了研究;胡春雨、范琳琳(2016)以电影 *Jobs*(2013)中的冲突话语为语料,探讨了企业家 Jobs 如何管理商务交际中的会话冲突。

除了以上研究外,还出现了将和谐管理论应用于二语得领域的研究。例如,Allamia & Samimib(2014)从和谐管理视角分析了英语水平的高低对伊朗的英语学习者回应他人斥责所产生的影响。陈新仁、李捷(2018)基于和谐管理论分析了课堂学术研讨中的同伴反馈话语。

也有学者的研究综合了以上两个或多个方面。例如,López(2008)对比分析了医患对话中,操英语和西班牙语者如何管理和谐。Yazdania 等(2014)从和谐管理视角对比了伊朗语母语者、以伊朗语为母语的英语学习者在不同场景中表达哀悼(condolence)的策略。Placencia 等(2015)考察地域、性别对和谐管理策略的影响,比较了厄瓜多尔、智利和西班牙的男、女大学生在建议、直接抱怨言语行为中,如何使用名词和代词称呼语。Goethals(2015)分析了西班牙游客写旅游博客时从三门语言(母语、方言和英语)中做出的选择与和谐管理的三个主要要素——面子、社交权、交际目标之间的关系。

第二节　人际关系管理理论的优点与不足

虽然人际关系管理理论具有优势，但与任何其他理论一样，也存在不足。正因为其有优点，本研究才运用该理论解释隐性礼貌策略；也因为其存在着不足，故需要进行一定程度的修补。本节先对人际关系管理理论的优缺点做出评价，然后对其不足进行修补。

（一）人际关系管理理论的优点

该理论较为明显的优点是它不再将面子限定在语言礼貌的框架内，而是将其提升到社会关系或人际和谐的高度，即从社会视角或交际互动视角考察面子，因而"该模式比 Brown & Levinson 的面子论……更能提供新的解释"（冉永平 2012）。例如，在解释面子威胁行为时，B&L（1987：65）的面子理论认为，有些言语行为无论在何种语境之中都内在地威胁面子，甚至赞扬也是如此。但Spencer-Oatey（2008：19－20）的和谐管理理论认为，很多言语行为并不一定威胁面子。例如赞扬在不少语境中是面子提升行为（face-enhancing speech act）。又如，命令和请求在 B&L 的面子理论中是典型的面子威胁行为，而 Spencer-Oatey 的和谐管理理论认为，如果所命令或请求的事是听话人的义务，就不会威胁听话人的平等权。另一方面，由于 B&L 提出的面子威胁行为基于言语行为理论，其礼貌策略也局限于言语行为，这样就将使用其他威胁面子的策略如称呼语、话题选择等排除在外。相比之下，Spencer-

Oatey 的和谐管策略包括五个领域的策略,较为全面。

对于人际关系管理理论的优势,已有不少学者论及(如 Aoki 2010;冉永平 2012;Leech 2014:39 - 40;周凌、张邵杰 2015;袁周敏 2016;朱武汉 2016;陈新仁 2018b),本研究不过多论述。不过,该理论也有不足之处,诚如陈新仁(2018b)所言:关系管理模式(即人际关系管理理论)"尽管带来许多真知灼见,但也并非尽善尽美,有进一步完善的余地"。同时,他主要结合 Leech(1983,2014)的礼貌理论对该模式进行了自上而下的改进,增加了一个管理取向、两个管理维度以及听话人对说话人话语选择的(不)礼貌评价,大大提升了原模式的完整性、合理性与可操作性。而本书从实际语料出发,主要结合 Brown & Levinson (1978/1987)的面子论对该理论进行自下而上的修补。

(二) 人际关系管理理论的不足

就本研究看来,人际关系管理理论的不足主要表现在两个方面:一个是和谐取向,另一个是和谐管理策略。

1. 关于和谐取向

Spencer-Oatey(2008:32)提出了四种和谐取向,认为它们是影响和谐管理策略的关键要素之一。这里至少有以下问题需要回答:第一,说话人的和谐取向有无来源? 如果有,它(们)是什么? 如果没有,和谐取向是不是空穴来风? 说话人是不是想持什么取向就持什么取向? 第二,在具体交际场景中,说话人是否可以同时持有相互冲突的两种和谐取向? 如既持和谐维护又持和谐挑战取向? 人际关系管理理论在这个问题上的态度不很明确。如果回答是肯定的,那么说话人持两种相互矛盾的和谐取向时,其和谐管理策略呈现出怎样的特征? 第三,和谐取向具有什么特征? 即它是静态还是动态的? 第四,和谐取向如何影响和谐管理策略? 第五,作为影响和谐管理策略的要素,和谐取向与其他两套影响和谐管理策略的要素(即语境变量、语用原则与规约)之间是否存在关联? 如果是,它们又是如何关联的? 另外,影响和谐管理策略的要素如此之多,它们在实际交际中是起到相同的作用还是哪个或哪些因素起主导作用? 总之,关于和谐取向存在的诸多问题需要回答。

2. 关于和谐管理策略

和谐管理策略主要存在三个方面的不足:

第一,和谐管理策略涉及内容太广,几乎囊括了前人所有的相关研究成果。由于前人的研究是从不同视角进行的,因而汇集到人际关系管理论中就显得缺乏内在的一致性和连贯性。相比之下,在 B&L 的面子理论中,说话人主要依据权势、人际距离、强加程度对面子威胁程度进行估算,并依据面子威胁程度的高低选择相应的礼貌策略,该理论存在较好的内在连贯性。同时,B&L 对礼貌的层级(degree of politeness)问题进行了思考。这些都是人际关系管理论所不及的。

第二,和谐管理策略并没有与该理论的其他部分形成有机的整体。如在言外行为域,该理论(Spencer-Oatey 2018:22)介绍了言语行为语义成分(semantic components)分析法,并认为语义成分反映了和谐取向。但是,究竟在哪种或哪些和谐取向的影响下,说话人会选用哪种或哪些成分? 人际关系管理论没有做进一步的讨论。在言外行为域,Spencer-Oatey 还介绍了对直接言语行为与间接言语行为的研究,并认为两者的选用影响着社会关系。具体来看,Spencer-Oatey(2018:25)介绍了 Blum-Kulka 等学者(1989)的研究结果,展示了直接请求、规约性间接请求、非规约性间接请求中说话人所使用的策略①,但直接言语行为、间接言语行为与人际关系管理理论的其他部分之间存在着怎样的联系? 与和谐取向之间有何联系? 该理论只字未提。对言外行为域中其他策略的介绍,也存在同样的问题。但即使存在着诸多问题,言外行为域中的策略还是人际关系管理理论中阐述最为细致的和谐管理策略。对于其他四个领域(语篇域、参与域、文体域、非言语域)中的管理策略,Spencer-Oatey(2008:21)只是一笔带过,均未详细介绍,更未深入分析。另外,五大领域的策略之间是否存在关联? 与和谐取向之间有没有关联? 这些都不得而知,尤其是前人研究不多的策略更未提及。

第三,五大领域的策略性质如何? 是否所有策略都具有相同的性质? 人际关系管理理论在此方面基本没有思考。而 B&L 在讨论礼貌策略时,明确地指出了它们的性质,如是公开策略还是隐性策略,是积极礼貌策略还是消极礼貌策略。

总之,人际关系管理理论的不足主要表现在和谐取向与和谐管理策略方面。而这两个方面的不足实际上是相互联系的。例如,回答了关于和谐取向如何影响和谐管理策略的问题,就可以按照一定标准对和谐管理策略分类,并确定各类的性质。又如,确定了影响和谐管理策略的主导因素,也就厘清了和谐取向与其他两套

---

① 参见本书第一章第一节。

影响和谐管理策略的要素之间的关联;同时使和谐管理策略与影响策略的要素之间形成有机的整体,就可能使人际关系理论具备内在一致性与连贯性。

（三）对人际关系管理论的修补

针对人际关系管理论在以上两个方面的明显不足,本研究试图从两个方面对其进行一定程度的修补。以下是笔者的初步思考与肤浅看法。

1. 关于和谐取向

本研究在大量语料分析的基础上认为,在具体交际中,说话人完全可能同时持有两种和谐取向,包括两种相互冲突的和谐取向。在 Spencer-Oatey 提出的四种和谐取向中,第一种与第二种(即和谐维护与提升取向)影响着人际和谐管理(management of harmony);第三种与第四种(即和谐忽视与和谐挑战取向)影响着人际不和谐管理(management of disharmony),故四种和谐取向可分为相互冲突的两大类。而人际关系管理亦即对人际和谐-不和谐的管理(Spencer-Oatey 2008:13),和谐取向对和谐管理策略产生的影响是:

① 当说话人持有和谐维护与/或提升取向时,倾向于使用和谐策略;

② 当说话人持有和谐忽视与/或挑战取向时,倾向于使用不和谐策略;

③ 当说话人同时持有处于冲突之中的以上两种取向时,倾向于使用和谐-不和谐策略,即字面上和谐、实质上不和谐的策略。

　　由以上可见，由于和谐取向的影响，和谐管理策略可分为三类：和谐策略、不和谐策略、和谐-不和谐策略。其中的和谐-不和谐策略是说话人同时持有相互冲突的两种和谐取向时所选择的一种和谐管理策略，是两种相互冲突的和谐取向共同作用的结果。该策略与 B&L 面子理论中的隐性礼貌策略异曲同工。这是因为：隐性礼貌策略常常会表现说话人有两个（甚至多个）意图：一方面，他/她试图威胁听话人的面子；另一方面，他/她又试图保全听话人的面子。可见，本书研究的隐性礼貌策略在人际关系管理论视角下即为和谐-不和谐策略。值得注意的是，和谐管理策略与和谐策略是两个不同的概念，前者是上位概念，后者是下位概念。前者包含三种，后者是其中之一。

　　至此，本研究已将和谐管理策略分为三类，它们分别与不同的和谐取向相关联，且不同的和谐取向决定了和谐管理策略的不同性质。这样，就克服了 Spencer-Oatey（2008）人际关系管理论中将和谐管理策略按领域分成零散五类之不足。换言之，这样就能按照不同类别和谐取向的影响划分和谐管理策略，将和谐管理策略与和谐取向紧密关联起来。另外，按照和谐取向将和谐管理策略分为三类，还明确了各类策略的性质[①]，因而基本解决了和谐管理策略的分类和各类的性质问题。但是，由于本书专门针对第三种策略（即和谐-不和谐策略或隐性礼貌策略）进行研究，故留下了尚需进一步探讨的策略：第一种策略（即和谐策略）与第二种策略（即不和谐策略）。

---

　　① 分别为和谐、和谐-不和谐、不和谐。

值得一提的是和谐取向自身的性质。它是动态的，随着语境的变化而变化。这里的语境不仅包括 Spencer-Oatey（2008：33 - 40）所列举的所有语境变量，还包括语用原则与规约，以及在对话中随着话轮的推进交际双方共享知识的改变，即关联理论所提出的动态语境。随着这些因素的变化，交际双方的和谐取向也可能不断地产生变化。故在同一场景中，和谐管理策略所包含的三类和谐策略之间可能相互转化，如和谐策略可以发展为和谐-不和谐策略，也可以发展为不和谐策略。以下即为一例。

在美国作家 Eugene O'Neil 的悲剧 *Bread and Butter*（《面包与黄油》）第 4 幕中，主人公 John 梦想成为艺术家，曾在纽约打拼但未成功，在父母的威逼与未婚妻的请求之下只好回家结婚。婚后他不满为"面包与黄油"而生活，但又无力改变现状，因而日渐消沉。妻子 Maud 常抱怨他生活散漫，他对妻子也常消极反抗。以下是夫妻两人的一段日常对话：

例（64）

01 Maud：<u>Don't you know it's Sunday?</u> 知道今天是礼拜天吧？

02 John：What of it? 那又怎么样呢？

03 Maud：At least you might put on a collar and shave yourself.
　　　　 至少你可以修点边幅吧。

在上例中，妻子想要求丈夫过正常人的周末生活，即持有挑战和谐的取向；同时又希望避免争吵，即有维护和谐的取向。由于两种相互冲突的取向同时发生作用，妻子在 01 中通过提及与面子威胁行为动因相关的时间(it's Sunday)暗示动因,从而隐蔽地实施面子威胁行为,即采取了本书第三章第一节(一)中第一条(见第49页)讨论的暗示策略隐蔽地实施了面子威胁行为;同时 01 还通过反问(Don't you know?)掩盖面子威胁行为的动因,即采用了本书第三章第二节(一)第一条(见第 75 页)中讨论的反问,掩盖面子威胁行为动因,从而隐蔽地实施面子威胁行为。由于丈夫在 02 中明知故问,妻子改变了和谐取向,转为和谐忽视或挑战取向,在 03 中公开要求丈夫"修点边幅"。可见,01 与 03 的说话人虽然相同,但前后所持的和谐取向不同,因而使用的策略也完全不同:01 使用了隐性礼貌策略或和谐-不和谐策略,隐蔽地威胁了听话人的平等权;而 03 中使用不和谐策略,公开地威胁了听话人的平等权。可见,和谐取向是动态的,说话人在同一语境中可能随着听话人的反应持有不同的和谐取向,采取不同的和谐策略。

和谐取向的动态性还表现在,即使在同一话轮中,说话人也可以同时采取和谐策略与不和谐策略。请看本章第三节(三)中第二条对话轮 01 的分析(见第 182 页)。当然,这类话语所体现的是和谐取向的极端动态性。

与以上相反的是,在有些场合,交际者不一定改变和谐取向。如第四章第二节的例(56)(见第 128-129 页)和第二章第二节的例(1)(见第 36-37 页)中,首相自始至终都持有两种相互冲突的取向,一直使用不同的和谐-不和谐策略或隐性礼貌策略,隐蔽地威胁听话人的面子。即使在对方采取各种策略隐蔽抵赖时,首相也未转向和谐忽视或挑战取向,没有公开威胁对方的面子。

2. 和谐取向与影响和谐管理策略的其他要素间的关系

本研究认为,和谐管理策略的影响要素可以归结为一套,即和谐取向;其他两套(即语境变量、语用原则与规约)相互作用并影响着说话人所持的和谐取向。正如冉永平(2012)所言,"言语交际的互动过程就是说话人对实现人际和谐-不和谐的取向选择。"

Spencer-Oatey 在讨论语用语言规约(2008:42)时指出,所有的规约都带上了语境特征(All the conventions are context specific)。这就是说,语用语言规约与语境变量之间是相互紧密联系的,两者无法分离。社会语用原则亦然。故本研究认为,语境变量、语用原则与规约两套要素紧密联系,相互作用,共同影响着说话人所持的和谐取向。以下即为一例。

下面这段对话来自《红楼梦》第30回,背景为:宝玉、黛玉吵架和好后一同去给贾母请安,碰巧宝钗也来了。宝玉想到自己因与黛玉吵架心情不佳没去参加宝钗哥哥的生日聚会,便以自己生病为由托宝钗向她哥哥解释。他还问宝钗为何不去她哥哥的聚会上看戏,宝钗便说自己看了一会儿,因天太热看不下去,便以生病为借口离开了。宝玉明白宝钗是在暗讽他不参加聚会的原因是与黛玉吵架,却借口说生病,便不好意思起来。之后宝玉继续找话和宝钗搭讪:

例(65)

01 宝玉:怪不得他们拿姐姐比杨妃,原来也体丰怯热。

02 宝钗:(不由的大怒,待要怎样,又不好怎样。回思了一回,脸红起来,便冷笑了两声)<u>我倒像杨妃,只是没一个好哥哥好</u>

兄弟可以作得杨国忠的！

在上例中，宝钗对宝玉将自己与杨贵妃相比，反应是"大怒"，因为在唐朝人们以胖为美，杨贵妃算得上美人；但到了《红楼梦》故事发生的清朝，人们已经以瘦为美；且杨贵妃被看作红颜祸水，名声不佳。宝玉将宝钗比作杨贵妃违反了当时的社会语用原则，因而至其动怒。可以说，这时宝钗已经持有不和谐取向。但因宝钗与宝玉地位相当，且是在宝玉家做客，宝钗便"不好怎样"，即这些语境变量使得宝钗同时持有和谐取向。在两种相互冲突的和谐取向共同作用下，宝钗选用了和谐-不和谐策略，即隐性礼貌策略。具体策略是，通过历史人物杨国忠隐射宝玉：虽有亲姐姐元春做贵妃，却整日混迹于女儿堆，在仕途上毫无作为，连依靠妹妹做了大官的杨国忠都不如。这就是本书的第106－108页所讨论的、通过历史人物隐射面子威胁行为对象的策略。

再看紧接在上例后的对话。正在宝钗生气但又不便发作之时，丫鬟靛儿因不见了扇子以为是宝钗藏的，就过来向宝钗讨要。两人之间发生了如下对话：

例（66）

01 丫头靛儿：必是宝姑娘藏了我的。好姑娘，赏我罢。

02 宝钗：① 你要仔细！② 我和你顽过，你再疑我。③ 和你素日嬉皮笑脸的那些姑娘们跟前，你该问他们去。（说的个靛儿跑了。宝玉自知又把话说造次了，当着许多人，更比才在林黛玉跟前更不好意思，便急回身又同别人搭讪去了。）

在上例(65)中,宝钗已持有不和谐取向,只不过受到宝玉地位等语境变量的影响同时具备和谐取向,因而采取了和谐-不和谐策略。而丫头靛儿是佣人,在贾府地位低,这个语境变量①使得宝钗转为不和谐取向。于是她在 02 的①部分公开警告了丫鬟,还在②部分训斥了她,并在③部分命令她去问别的姑娘们。不仅如此,③部分还包含深层次的含意:我何曾跟你开过玩笑,你居然对我说这样不尊重的话,这些话还是对平日跟你嬉皮笑脸开玩笑的姐妹们说吧。可见,02 一语双关,既公开指责了丫头,又隐蔽地威胁了宝玉的面子。故小说中描写宝玉"自知又把话说造次了……"。

由以上两例不难看出:语境变量、语用原则与规约两个要素共同作用,影响着说话人的和谐取向,使得说话人在同一场景中对不同的听话人持不同的和谐取向。换言之,和谐取向不是说话人心血来潮,想持哪类就持哪类的。理性的说话人在选取和谐取向之前不仅要对语境变量进行全面估算,而且要将语用原则与规约结合在一起综合考量。同时,和谐取向会随着对话的推进不断做出调整,因而呈现出动态特征。

综上所述,Spencer-Oatey(2008)提出的人际关系管理模式可以在以上方面进行修补,修补后的人际关系管理模式用下图 6.1 表示:

---

① 不排除其他语境变量。

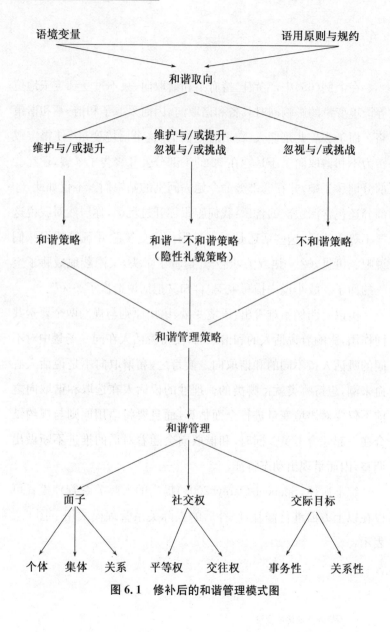

图 6.1 修补后的和谐管理模式图

从上图可见：

1）两套因素（即语境变量、语用原则与规约）相互紧密联系，影响甚至决定着说话人的和谐取向。

2）Spencer-Oatey 提出的四种和谐取向依据其性质可分为两类：第一类包括和谐维护与/或提升取向；第二类包括和谐忽视与/或挑战取向。两类之间相互冲突。在新的和谐管理模式中，两类相互冲突的和谐取向可同时作用于说话人，使其既持有和谐维护与/或提升取向，又持有和谐忽视与/或挑战取向。因此，和谐取向实际上可分为三类，且它们处于一个连续体，在实际交际中随着两套影响因素的变化而变化，呈现出动态特征。

3）三类和谐取向分别决定着说话人的和谐管理策略。和谐维护与/或提升取向使说话人选择和谐策略；和谐忽视与/或挑战取向使说话人选择不和谐策略；两类和谐取向同时作用时说话人选择和谐-不和谐策略，即字面上和谐、实质上不和谐的第三类策略，亦即本书所讨论的隐性礼貌策略。这三类策略随着和谐取向的变化也处于变化之中。

4）和谐管理策略运用于和谐管理。和谐管理的主要内容与Spencer-Oatey 提出的观点完全保持一致。

以上是修补后的人际关系管理模式，下节运用修补后的和谐管理模式举例分析其中的和谐-不和谐策略，亦即隐性礼貌策略。

第三节　人际关系管理论视角下的
隐性礼貌策略

　　本章第一节(一)中已述,在人际关系管理论中,交际者从五个领域(即言外行为域、语篇域、参与域、文体域、非言语域)对三个方面(即面子、社交权与义务、交际目标)进行和谐管理。本章第二节已述,在人际关系管理论视角下,隐性礼貌策略与和谐-不和谐策略异曲同工。虽然人际关系管理论中对隐性礼貌策略鲜有提及①,但隐性礼貌策略无一不在五大领域之中:本书第三章所讨论的隐蔽面子威胁行为的策略可归属于第一个即言外行为域;第四章所讨论的隐蔽面子威胁行为对象的策略可归属于第三个即参与域。当然,这只是总体归类,细致观察之后不难发现,第三章和第四章所讨论的有些子策略还可同时归属于其他领域。例如,第三章第二节(一)中所讨论的使用各类修辞手段掩盖面子威胁行为的策略,以及第四章第一节(二)中所讨论的使用各类修辞手段隐射面子威胁行为对象的策略均涉及"适合文体的词汇和句法选择",因而可归属于第四个即文体域。同样,在第三章第一节所讨论的暗示策略中,说话人通过提及一系列与面子威胁行为动因相关的因素而暗示面子威胁行为的动因,也提及相关因素暗示对听话人不利的后果,说话人还直接提及不利(和有利)的结果等,这些子策

---

　　① Spencer-Oatey(2008:25)在讨论间接请求时涉及"暗示"策略。

略实际上均涉及话题的选择,即可归属于和谐管理策略中的第二个领域即语篇域。这些从另一个角度说明,本书所研究的隐性礼貌策略完全可以看作是和谐管理策略的一部分。

本章第二节已述,从影响因素看,隐性礼貌策略是两种相互冲突的和谐取向同时对听话人产生作用的结果。其中,和谐维护与/或提升取向影响着人际和谐管理;和谐忽视与/或挑战取向影响着人际不和谐管理,而人际关系管理亦即对人际和谐-不和谐的管理。故当影响人际和谐管理的两个取向(或其中之一)与影响着人际不和谐管理的两个取向(或其中之一)同时对说话人产生作用时,或说话人同时持有这两种相互冲突的和谐取向时,就很可能选用和谐-不和谐策略,即隐性礼貌策略。换言之,交际者一方面不得不维护与/或提升和谐,具有和谐维护与/或提升取向;另一方面,交际者又试图忽视甚至挑战和谐,具有和谐忽视与/或挑战取向。当这两类性质不同的取向同时产生作用时,交际者就很可能会在两者之间寻求平衡,从而选择和谐-不和谐策略,即隐性礼貌策略。原因是这类策略字面上维护与/或提升了人际和谐,实质上又忽视与/或挑战了人际和谐,正好可以满足持有冲突和谐取向的交际者的需求。总之,隐性礼貌策略从本质上看是和谐-不和谐策略,是两类性质不同的和谐取向同时对说话人产生作用的结果。以下举例说明交际者如何在两类和谐取向的驱动下,使用隐性礼貌策略或和谐-不和谐策略,从三个方面管理人际和谐。

(一)面子管理

本章第一节已述,面子是人们的价值感、尊严感、荣誉感、身份感,与尊重、荣誉、地位、名声、能力等相关联。面子表现在个体、集体和关系三个层面上,任何一个层面的面子受到威胁,如批评、反对、贬低等,都会影响人际和谐(Spencer-Oatey 2008:18)。以下逐一举例讨论。

1. 个体层面的面子管理

第一节已述,个体层面的面子是个人性格、外表、能力等方面的积极社会价值。以下举例说明交际者如何使用隐性策略或和谐-不和谐策略通过个体层面的面子进行和谐管理。

在小说《围城》中,主人公方鸿渐曾在欧洲留学,但未获得博士学位,因而买了一个哲学博士文凭,回国后在其岳父①开办的小银行工作;青年赵辛楣也曾出国留学,如今在新闻社做编辑,且正在追求苏小姐。但苏小姐却爱着方鸿渐。一天,两个青年同时拜访苏小姐,赵辛楣把方鸿渐看作自己的情敌,开始了对话:

例(67)

01 **赵辛楣**:方先生在什么地方做事呀?

02 **方鸿渐**:暂时在一家小银行里做事。

03 **赵辛楣**:① 大材小用,可惜可惜! ② 方先生在外国学的是什么呀?

04 **方鸿渐**:没学什么。

05 **苏小姐**:鸿渐,你学过哲学,是不是?

06 **赵辛楣**:从我们干实际工作的人的眼光看来,学哲学跟什么都

---

① 其女儿已亡故。

不学全没两样。

07 方鸿渐：<u>那么提赶快找个眼科医生，把眼光验一下；会这样看东西的眼睛，一定有毛病。</u>（方鸿渐为掩饰斗口的痕迹，有意哈哈大笑。）

　　原文小说中对这段对话的描写是：赵辛楣躺在沙发里，含着烟斗，仰面问天花板上挂的电灯道："方先生在什么地方做事呀？"方鸿渐有点生气，想不理他不可能，"点金银行"又叫不响，便含糊地说："暂时在一家小银行里做事。"赵辛楣鉴赏着口里吐出来的烟圈道："大材小用，可惜可惜！方先生在外国学的是什么呀？"鸿渐没好气道："没学什么。"苏小姐道："鸿渐，你学过哲学，是不是？"赵辛楣喉咙里干笑道："从我们干实际工作的人的眼光看来，学哲学跟什么都不学全没两样。""那么提赶快找个眼科医生，把眼光验一下；会这样看东西的眼睛，一定有毛病。"方鸿渐为掩饰斗口的痕迹，有意哈哈大笑。赵辛楣以为他讲了俏皮话而自鸣得意，一时想不出回答，只好狠命抽烟。苏小姐忍住笑，有点不安。[①]

　　在上例中，赵辛楣一方面企图战胜自己的情敌，即有挑战和谐的取向；另一方面又试图维护表面的人际和谐，尤其是在他所追求的苏小姐面前，不想公开攻击她的客人。在挑战和谐与维护和谐两种取向的驱使下，他在 01 中表面上与听话人寒暄，实际上是在寻找机会攻击听话人。由于方鸿渐当时的工作不够体面，故在 02 中回应时使用了"暂时"一词。尽管如此，赵辛楣还是抓住机会隐

---

① 参见钱钟书，《围城》，北京：北岳文艺出版社，2015 年 6 月第 1 版，第 38 页。

蔽地挖苦了他：03 的①部分字面上似乎在赞扬方鸿渐是个"大
材"，同情他被"小用"，并为他感到"可惜"，似乎在维护甚至提升人
际和谐。然而，从说话人与听话人、在场的第三方——苏小姐的三
角关系以及当时赵辛楣说话时的身体语言来看，说话人意在通过
"小用"二字贬低听话人的能力，威胁其个体层面的面子。赵辛楣
还在 03 的②部分继续询问对方在国外学了什么，似在继续寻找机
会；方鸿渐意识到自己的面子受损，也因自己的文凭是买来的，不
便多说也不想多说，只好回答 04。至此，双方进行了第一轮交锋，
其中 03 中的画线部分使用了隐性礼貌策略或和谐-不和谐策略。
具体来说，说话人使用的是第三章第三节所讨论的子策略，试图将
威胁面子的言语行为改为关照或维护面子的言语行为。两个男人
之间的下一轮交锋由在场的第三方苏小姐插话引起。苏小姐因为
爱着方鸿渐，在他受人暗中攻击且处于劣势的语境下，便在 05 中
主动插话试图挽救他的个人面子；不料赵辛楣在 06 中通过否定方
鸿渐所学的学科而继续否认他的个人能力，即继续威胁他个体层
面的面子。这次他放弃了和谐维护取向，偏向了和谐挑战取向，公
开地攻击听话人"跟什么都不学全没两样"；在忍无可忍的情况下，
方鸿渐在 07 中进行了反击。不过，在挑战和谐与维护和谐两种取
向的驱使下，方鸿渐对对方个体层面的面子进行了和谐管理，采用
了和谐-不和谐策略或隐性礼貌策略：从字面上看，他陈述的是对
方眼光"有毛病"，需要医生检验，维护了人际和谐；从深层次看，他
批评对方看待事情的方法"有毛病"，需要更改，又挑战了人际和
谐。具体来说，他采用了隐喻的修辞手法，将听话人"看待事物的
方法有毛病"比作他的"眼光有毛病"，属于本书第三章第二节（一）

（见第 83-84 页）所讨论的、使用隐喻掩盖面子威胁行为动因的策略。总之，在此例 03、07 中，说话人在两类相互冲突的和谐取向的作用下，使用了和谐-不和谐策略或隐性礼貌策略，隐蔽地威胁了听话人个体层面的面子，从而进行了和谐管理。

2. 集体层面的面子管理

集体层面的面子是个体所属群体的积极社会价值，以下举例说明交际者如何使用隐性礼貌策略或和谐-不和谐策略，通过集体层面的面子进行和谐管理。

下例来自《红楼梦》第 73 回，对话的背景是：贾府的二小姐迎春生性懦弱，因奶妈聚赌之事心中不快，三小姐探春等前来安慰。可奶妈的儿媳竟然还来为此事向迎春求情。迎春的丫鬟绣桔看不惯这些，便想告诉王熙凤，正巧王熙凤的心腹平儿来访：

例（68）

01 平儿：姑娘①怎么委曲？谁敢给姑娘气受，姑娘快吩咐我。

02 奶妈儿媳：姑娘②坐下，让我说原故请听。

03 平儿：姑娘③这里说话，也有你我混插口的礼！你但凡知礼，只该在外头伺候。不叫你进不来的地方，几曾有外头的媳妇子们无故到姑娘们房里来的例。

04 绣桔：你不知我们这屋里是没礼的，谁爱来就来。

---

① 指在场的迎春和探春。
② 指平儿。
③ 指在场的迎春和探春。

在上例中,平儿刚开口询问原委(01),就被奶妈的儿媳①抢过话头(02);于是平儿训斥了不该进来、更不该随便插话的她(03);之后,迎春的丫鬟绣桔便借机批评了奶妈和她的儿媳(04)。不过,绣桔没有像03的说话人平儿那样公开地威胁02说话人的面子,而是通过"我们这屋里是没礼的"威胁了集体层面的面子。字面上看,她没有指明面子威胁行为的对象,但从小说的前后情节看,她实际上既责备奶妈的儿媳抢在小姐们面前说话,也批评奶妈作为一介下人竟敢欺负主子。从策略上看,04采用了本书第四章第二节所讨论的模糊化策略,通过集体层面的面子隐蔽地威胁了听话人——奶妈儿媳的面子,从而管理了和谐。有趣的是,03与04批评的对象相同,但所采用的策略完全不同:03的说话人平儿作为地位高于奶妈儿媳的通房丫头,持有和谐挑战取向,采取了不和谐策略,公开地训斥了听话人;而04的说话人绣桔作为下人,既有威胁和谐的取向,又有维护和谐的取向。在两种取向的共同作用下,她通过隐性礼貌策略或和谐-不和谐策略威胁听话人集体层面的面子,隐蔽地指责了02的说话人。可见,两人所使用的策略差异与她们在贾府的地位不无联系,即地位作为语境变量影响着说话人所持的和谐取向与所采取的和谐管理策略。

3. 关系层面的面子管理

关系层面的面子是个体与他人之间关系的积极社会价值。以下举例说明交际者如何使用隐性礼貌策略或和谐-不和谐策略,通过关系层面的面子进行和谐管理。

---

① 奶妈的儿媳与奶妈均为下人,在贾府的地位不如平儿高。

　　下面这段对话来自 Shakespeare 的悲剧 *Romeo and Juliet*（《罗密欧与朱丽叶》）第 5 幕第 1 场。对话的背景是：Juliet 偷偷嫁给了 Romeo，而她的父亲并不知情，并把她许配给了 Paris 伯爵。此时 Romeo 因杀人被判放逐，Juliet 走投无路，便去求助于神父。不料在神父的寺院里碰到了 Paris 伯爵，两人之间产生了如下对话：

例〈69〉

01 Paris：Happily met，my lady and my wife! 您来的正好，我的爱妻！

02 Juliet：That may be，sir，when I may be a wife. 伯爵，等我做了妻子后，才可能成为爱妻。

　　在上例中，Juliet 一方面想阻止对方称呼她为"我的爱妻"，即有挑战和谐的愿望；另一方面又不能向对方解释事情的原委，因而不得不维护她父亲为她建立的、与听话人之间的未婚夫妻关系，即维护暂时的人际和谐。在挑战和谐与维护和谐两种愿望的驱使下，Juliet 在 02 中对关系层面的面子进行了和谐-不和谐管理，隐蔽地拒绝了对方的亲密称呼。她所采取的策略是通过假设条件暗示对方不利后果的策略，即本书第 59 - 60 页所讨论的暗示策略。这是因为：第一，Juliet 想嫁给 Romeo，这对 Paris 来说是不利的后果；第二，在 Juliet 的心目中，只有 Romeo 才能称她为"我的爱妻"，所以 02 中的 when I may be a wife 从语法上看是时间状语，但从逻辑关系上看是条件状语，含意是"只有我嫁给 Romeo，我才可能成为爱妻"。此处尤其值得一提的是 a wife 的含意。在英语中,an X 附有一种一般会话含意(a generalized conversational implicature),即 X 与主体之间不存在紧密联系(Levinson 1983：126)。由于 wife 首先出现于 01 的 my wife 之中,其主体是 01 的说话人 Paris,故 02 中的 a wife 实际上否定了 01 中的 wife 及其主体之间的联系,即 wife 不再指 Paris 的妻子。可见,02 通过假设条件暗示了对听话人不利的后果,对关系层面的面子进行了和谐管理,隐蔽地拒绝了听话人对她的亲密称呼,从而隐蔽地否认了与听话人之间的关系。

(二) 社交权管理

本章第一节已述,社交权包含两种:平等权与交往权。以下分别举例讨论,交际者如何在两类相互冲突的和谐取向驱动下,使用隐性礼貌策略或和谐-不和谐策略,通过两种社交权管理人际和谐。[①]

1. 平等权管理

平等权指交际主体应得到公平对待,不被他人干预、控制、利用等,相当于 B&L(1987/1978)的消极面子概念。请求、命令等都属于平等权管理(Spencer-Oatey 2008：18)。以下举例说明交际者如何使用隐性礼貌策略或和谐-不和谐策略对平等权进行和谐管理。

下例来自 *Bread and Butter*(《面包与黄油》)中,即本章第二

---

① 由于分类中不包含义务,故下文不再讨论义务管理。

节中的例（64）。丈夫 John 与妻子 Maud 为如何过礼拜天发生争论：

01 Maud：<u>Don't you know it's Sunday?</u> 知道今天是礼拜天吧？

02 John：What of it? 那又怎么样呢？

03 Maud：At least you might put on a collar and shave yourself.

　　　　至少你可以修点边幅吧。

　　在上例中，妻子想要求丈夫过正常人的周末生活，有干预后者平等权的企图，即持有挑战和谐的取向；她同时又希望避免争吵，有维护和谐的取向。在两种取向的同时作用下，妻子在 01 中采用了两种隐性礼貌策略或和谐-不和谐策略：一种是暗示策略，另一种是掩盖策略①，对丈夫的平等权进行了和谐管理。当得到丈夫挑战性的回应 02 后，妻子转而偏向和谐挑战取向，使用了不和谐策略，在 03 中公开对他提出了要求，公开威胁了其平等权。

2. 交往权管理

　　交往权指交际主体享有与他人交往的权力，在交往中分享情感与兴趣、得到尊重等。以下举例说明交际者如何使用隐性礼貌策略或和谐-不和谐策略对交往权进行和谐管理。

　　以下是第三章第三节中引用过的例（39），来自 Shakespeare 的喜剧 *Love's Labour's Lost*（《爱的徒劳》）第 2 幕第 1 场。对话背景是：那瓦国的侍臣 Longaville 对法国公主的某个侍女一见钟情，

---

　　①　详见本章第二节例（64）的分析部分。

便向法国公主的侍臣 Boyet 打听该侍女。他未料到的是，Boyet
本人也爱慕那个侍女。以下是两个侍臣之间的对话：

01 Longaville：I beseech you a word：what is she in the white?
　　　　　　　请问那位白衣姑娘是什么人？

02 Boyet：A woman sometimes，an you saw her in the light. 您
　　　　　在光天化日之下，可以看清她是一个女人。

03 Longaville：Perchance light in the light. I desire her name. 要
　　　　　　　是看清了，多半很轻佻。我想要知道她的名字。

04 Boyet：She hath but one for herself；to desire that were a
　　　　　shame. 她只有一个名字，您不能要。

05 Longaville：Pray you，sir，whose daughter? 先生，请问她是谁
　　　　　　　的女儿？

06 Boyet：Her mother's，I have heard. 我听说是她母亲的女儿。

　　在上例中，为了与心仪的侍女交往，Longaville 向 Boyet 提了
三个问题，期望从他那里得到答案。但因后者也爱着这个侍女，不
愿其他男性与之交往，因而 Boyet 试图威胁对方的交往权，持有和
谐忽视取向；另一方面，由于两个侍臣之间的关系可能影响到两个
国家之间的关系等因素，Boyet 不得不持和谐维护取向。在两类
取向的同时作用下，他选择隐性礼貌策略①或和谐-不和谐策略，
隐蔽地拒绝回答对方提出的三个问题，隐蔽地威胁了他的交往权，

----

① 参见本书第98页相关部分的分析。

从而进行了和谐管理。

（三）交际目标管理

本章第一节已述,交际目标主要有事务性目标和关系性目标。以下分别举例讨论,交际者如何在两类相互冲突的和谐取向驱动下,使用隐性礼貌策略或和谐-不和谐策略,通过两种交际目标管理人际和谐。

1. 事务性交际目标的管理

在第三章第一节（二）中引用过的、来自《雷雨》的例（11）中,儿子鲁大海向父亲要回他不该收的钱:

01 鲁大海:(掉过脸来向鲁贵)把钱给我!

02 鲁贵:(疑惧地)干什么?

03 鲁大海:你给不给?（声色俱厉）<u>不给,你可记得住放在箱子里的是什么东西么?</u>[①]

04 鲁贵:(恐惧地)我给,我给!(把钞票掏出来交给大海)钱在这儿,一百块。

在以上对话中,儿子所持的交际目标是事务性的——向父亲要回一百元还给原主。他先持有和谐忽视或挑战取向,在01中公开地对父亲实施了请求或命令这个言语行为;当父亲在02中以提问的方式隐蔽地阻碍他的交际目标时,儿子一方面要继续实现自

---

① 箱子里的东西是枪。

己的事务性交际目标,即继续持有和谐忽视或挑战取向;另一方面,如果现场的人知道自己家里藏着枪,可能引起意外后果,因此儿子不得不持和谐维护取向。在两种和谐取向的作用下,儿子在03中通过询问暗示了对听话人不利的后果,即通过第三章第一节(二)(见第58页)所讨论的暗示策略管理了自己的事务性目标。从其父亲的回应04看,这种和谐-不和谐策略取得了很好的言后效果。

2. 关系性目标的管理

在第三章第一节(二)中引用过的例(12)中,刘三姐因唱山歌带领穷人抗租造反,遭到当地财主的迫害,流落到莫老爷的地盘。莫老爷得知消息后,带领家仆前来警告她:

01 莫老爷:① 听说你来到这里不久,莫某事忙,照料不周。② 好!
既来之,则安之。③ 过去受了些颠连困苦,如今到我这里就放心好了。④ 只要莫某吩咐一声,绝不会亏待于你呀!

02 刘三姐:(哈哈大笑)① 别处财主要我死,这里财主要我活。
② 平时看见锅煮饭,今天看见饭煮锅!

在以上对话中,莫老爷所持的交际目标是关系性的——要求刘三姐到了他的地盘后要服从他的管理,不得像以前那样带领穷人"闹事"。在01中,他先对听话人寒暄(①部分);接着在②部分公开对她提出了要求"既来之,则安之";在③部分使用了提及相关事件、暗示不利后果的隐性策略;在④部分反话正说,隐蔽地警告她如果不服从，就会受到"亏待"。从 01 的 4 个部分可以看出，说话人在不同的和谐取向之间变化：先是持和谐维护取向（①部分），接着是和谐忽视或挑战取向（②部分）；之后是两种冲突的和谐取向兼而有之（③与④部分）。因此，说话人在同一话轮中使用了不同策略：和谐策略（①部分）、不和谐策略（②部分）、和谐-不和谐策略（③与④部分），对自己的交际目标进行了和谐管理。本章第二节的（三）中提及，这类在同一话语中发生变化的和谐取向显示了和谐取向的极端动态性，也导致了和谐管理策略上的复杂性。面对莫老爷的软硬兼施，刘三姐持两种相互冲突的和谐取向，通过身体语言"哈哈大笑"和 02 的①部分将"别处财主"和"这里财主"进行对比，字面上似乎在赞扬莫老爷比别处财主好；接着在②部分将莫老爷"要我活"与"饭煮锅"之间进行类比，暗讽莫老爷的善意是虚假的，天下财主都一样。此部分还有一层意思：将对方的关系性目标与"饭煮锅"进行类比，掩盖了对听话人不利的后果——要她"既来之，则安之"与"饭煮锅"一样不可能。可见，刘三姐在 02 中持相互冲突的两种和谐取向，通过对比、类比、双关三种修辞手法隐蔽地拒绝接受莫老爷的要求或警告，她所采取的和谐-不和谐策略隐蔽地阻止了莫老爷的关系性目标。

以上实例说明，隐性礼貌策略实质上是交际者同时持有和谐取向与不和谐取向时所选用的一种和谐管理策略。当两种相互冲突的和谐取向同时产生作用时，说话人就会倾向于使用和谐-不和谐策略。和谐-不和谐策略与隐性礼貌策略异曲同工，在人际关系管理论的三个方面——面子管理、社交权管理、交际目标管理都得到了很好的运用。

第七章
结　语

　　隐性礼貌策略是 B&L(1987/1978)面子理论中提出的概念，尽管这种策略在交际中广泛使用，但学界尚缺乏专门、系统的研究。故本书以英、汉语影视文学作品中的相关对话为语料，对隐性礼貌策略做了较为深入的探讨。全书的主要内容如下：

　　第一章是导论。第一节介绍了 B&L 面子理论的主要内容，第二节专门介绍了 B&L 面子理论中的隐性礼貌策略部分，两小节还简要综述与评论了后来学者围绕相关内容所做的研究。第三节介绍本书的研究目的、研究方法与主要内容。

　　第二章是本研究的出发点。第一节从直接言语行为的主要成分出发，从中析出了公开面子威胁行为的要素；在此基础上找到了公开与隐性面子威胁行为之间的分界线；确定了隐性礼貌策略的主要类型——隐蔽面子威胁行为本身与隐蔽面子威胁行为的对象。

　　第三章探讨隐蔽面子威胁行为本身的主要策略。该策略主要包括三种子策略：暗示策略、掩盖策略与改变类型策略。本章分三个小节分别详细讨论了这三种策略所包含的子策略。

　　第四章讨论了隐蔽面子威胁行为对象的主要策略。该策略主要包括三种子策略：隐射策略、模糊化策略与回避策略。本章分三个小节分别详细讨论了这三种策略所包含的子策略。

　　第五章探讨了面子威胁行为与面子威胁行为对象均隐蔽的策

略。由于此策略由第三、四章所讨论的子策略依据语境的需要组合而成,可出现无数类型的子策略,故不再分类讨论。

第六章是理论部分。由于 Spencer-Oatey(2008)改良了 B&L(1987/1978)的面子理论,提出了人际关系管理理论(或称和谐管理论、社会关系管理论),本研究以该理论为基础,解释了隐性礼貌策略的理据。本章分三小节:第一节介绍人际关系管理论的主要内容,分析它与 B&L 面子论之间的渊源与区别;第二节指出了人际关系管理论的优点与不足,并对其进行了一定程度的修补,提出了修补后的模型;第三节以修补后的人际关系管理论为基础,解释了隐性礼貌策略的理据,说明了隐性礼貌策略实质上是交际者在和谐取向与不和谐取向同时作用时所采用的和谐-不和谐策略。

第七章对本研究进行总结与反思。

简言之,第一章综述了与隐性礼貌策略相关的研究,第二章是本研究的出发点,第三至五章对隐性礼貌策略的语言特征进行了描写,第六章对其理据进行了解释。综观全书,本研究存在着如下创新与不足之处:

创新之处体现在:

第一,理论上修补了人际关系管理论。Spencer-Oatey(2008)的人际关系管理论虽然站在人际和谐的高度观察了面子及相关问题,但也存在着不足,尤其是在和谐取向的性质及影响因素、和谐取向对和谐管理策略的影响、和谐管理策略的分类等方面,还存在进一步发展的空间。故本研究针对这些提出了一些新的观点:和谐取向是动态的;说话人可同时持有两种和谐取向,尤其是两种相互冲突的和谐取向;和谐取向一方面取决于语境变量、语用原则与规约,另一方面又决定着和谐管理策略的类型与性质。本研究还提出了一些新的概念如和谐策略、不和谐策略、和谐-不和谐策略。这些都是对人际关系管理理论有益的补充,增强了其解释力。

第二,本研究克服了 B&L(1987/1978)面子理论中的某些不足。例如,该理论声称隐性礼貌策略是依据违反 Grice 四项准则进行分类的,但是本研究发现,其中的暗示、提供相关线索策略并不违反关联准则。相反,这些策略的使用是因为说话人与听话人均遵守了关联准则。鉴于 B&L(1987/1978)对隐性策略的分类存在不一致性,本研究从直接言语行为出发,析出了公开面子威胁行为与隐性面子威胁行为之间在要素上的差异,在此基础上重新划分了隐性礼貌策略,按照所隐蔽的要素对隐性礼貌策略重新进行了分类,还在一定程度上解决了礼貌程度问题,如隐蔽两个要素的话语一般比隐蔽一个要素的话语更为礼貌。

第三,本研究采用语篇分析法观察到许多新的隐性礼貌策略。B&L(1987/1978)所用的绝大部分语料都是单方话语,也就是交际一方威胁另一方的面子、但另一方未有应对的话语;而本研究的语料在对话或语篇层面上,在长段语篇中更有利于观察隐性策略。基于对话或语篇层面的语料,本书提出了隐性礼貌策略所包含的丰富类型。尽管不能囊括其所有,但其中的大部分策略都是以往研究中所未提及的。这些新的策略在很大程度上充实了 B&L(1987/1978)的隐性礼貌策略。

总之,本书对一个鲜有专门研究的问题做了较为全面、深入的探讨。从理论上看,本研究在一定程度上发展了人际关系管理理论,极大地丰富了 B&L(1987/1978)的隐性礼貌策略,为未来研究和谐策略、不和谐策略、虚假礼貌等问题奠定了一定基础。本书所提出的各种隐性礼貌策略对跨文化交际、外语教学等有较好的应用价值，对探讨其他语种中的相关策略也有启发作用。从实用角度看，本书为冲突语境下的交际提供了大量隐性礼貌策略，有助于日常生活中人与人之间的交际活动，也值得外交官、谈判者参考借鉴。

当然，本书也存在着不足之处，主要表现在以下两点：

第一，语境错综复杂，交际者所使用的策略也千变万化，所以本书无法穷尽英、汉语中所有的隐性礼貌策略。正如 B&L（1987：21）承认他们所提出的礼貌策略是开放的一样，本书所探讨的隐性礼貌策略也只是同类中最为典型的代表。

第二，本研究所使用的不是真实语料，而是仿真品。如能从实际交际中搜集真实语料，本研究会产生不少新的研究点。未来的研究可到实际交际中，搜集如讨论、谈判等场景中的语料，以便展开对隐性礼貌策略或和谐-不和谐策略的多方面、多维度研究。

参考文献

Aijmer, K. 2013. *Understanding Pragmatic Markers: A Variational Pragmatic Approach* [M]. Edinburgh: Edinburgh University Press.

Alba-Juez, L. 1995. Irony and the Other Off Record Strategies within Politeness Theory [J]. Miscelánea: *A Journal of English and American Studies*, (16):13 – 23.

Allamia, H. & Samimib, F. 2014. Rapport Management Approach to Reprimand: Intermediate Vs. Advanced EFL Learners [J]. *Procedia-Social and Behavioral Sciences*, 98: 220 – 224.

Aoki, A. 2010. Rapport Management in Thai and Japanese Social Talk During Group Discussion [J]. *Pragmatics*, 20 (3): 289 – 313.

Archer, D. , Aijmer, K. & Wichmann, A. 2012. *Pragmatics: An Additional Resource Book for Students* [M]. London & New York: Routledge.

Archer, D. 2017. (Im)politeness in Legal Settings [A]. In Culpeper, J, Haugh, M. Kádár, D. (eds.). The Palgrave

Handbook of Linguistic (Im) politeness [C]. London: Palgrave Macmillan.

Austin, J. L. 1962. *How to Do Things with Words* [M]. Oxford: Oxford University Press.

Bargiela-Chiappini, F. & Harris, S. J. 1996. Requests and Status in Business Correspondence [J]. *Journal of Pragmatics*, 26(5):635 – 662.

Bayraktaro Lu, A. & Sifianou, M. (eds.). 2001. *Linguistic Politeness across Boundaries: the Case of Greek and Turkish* [C]. Amsterdam & Philadelphia: John Benjamins Publishing Company.

Beeching, K. 2002. *Gender, Politeness and Pragmatic Particles in French* [M]. Philadelphia: John Benjamins Publishing House.

Black, E. 2006. *Pragmatic Stylistics* [M]. Edinburgh: Edinburgh University Press.

Blum-Kulka, S. , House, J. & Kasper, G. (esd.). 1989. *Cross-Cultural Pragmatics: Requests and Apologies* [C]. Norwood, NJ: Ablex Publishing Corporation.

Blum-Kulka, S. 1990. You Don't Touch Lettuce with Your Fingers: Parental Politeness in Family Discourse [J]. *Journal of Pragmatics*, 14(2):259 – 288.

Bouchara, A. 2009. *Politeness in Shakespeare: Applying Brown and Levinson's Politeness Theory to Shakespeare's Comedies*

[M]. Hamburg: Diplomica Verlag.

Brown, P. & Levinson, S. 1978. Universals in Language Usage: Politeness Phenomena [A]. In E. N. Goody (eds.). *Questions and Politeness: Strategies in Social Interaction* [C] (pp. 56 – 311). Cambridge: Cambridge University Press.

Brown, P. & Levinson, S. 1987. *Politeness: Some Universal in Language Usage* [M]. Cambridge: Cambridge University Press.

Brown, R. & Gilman, A. 1989. Politeness Theory and Shakespeare's Four Major Tragedies [J]. *Language in Society*, 18(2): 159 – 212.

Campbell, K. S. & Davis, L. & Skinner, L. 2006. Rapport Management during the Exploration Phase of the Salesperson-Customer Relationship [J]. *The Journal of Personal Selling and Sales Management*, 26(4): 359 – 370.

Catrambone, M. 2016. Off-record Politeness in Sophocles: The Patterned Dialogues of Female Characters [J]. *Journal of Politeness Research*, 12(2): 173 – 195.

Chilton, P. 1990. Politeness, Politics and Diplomacy [J]. *Discourse and Society*, 1(2): 201 – 224.

Culpeper, J. 1996. Towards an Anatomy of Impoliteness [J]. *Journal of Pragmatics*, 25(3): 349 – 367.

Culpeper, J. 2011. *Impoliteness: Using Language to Cause*

offence [M]. Cambridge: Cambridge University Press.

Culpeper, J. 2012. (Im)politeness: Three Issues [J]. *Journal of Pragmatics*, 44(9): 1128 - 1133.

Culpeper, J. &. Kádár, D. Z. (eds). 2011. *Historical (Im) politeness* [C]. New York: Peter Lang.

Culpeper, J. , &. J. Demmen. 2012. Nineteenth-century English Politeness: Negative Politeness, Conventional Indirect Requests and the Rise of the Individual Self [A]. In Marcel, B &. Kádár, D. Z. (eds.). *Understanding Historical (Im) politeness* [C]. Amsterdam: John Benjamins Publishing Company.

Cutting, J. 2002. *Pragmatics and Discourse: A Resource Book for Students* [M]. London: Routledge.

Dailey, W. O. , Hinck, E. A. &. Hinck, S. S. 2008. *Politeness in Presidential Debates: Shaping Political Face in Campaign Debates from 1960 to 2004* [M]. Lanham: Rowman &. Littlefield Publishers.

De Kadt, E. 1998. The Concept of Face and its Applicability to the Zulu Language [J]. *Journal of Pragmatics*, 29(2): 173 - 191.

Del Saz-Rubio, M. M. &. Pennock-Speck, B. 2009. Constructing Female Identities through Feminine Hygiene TV Commercials [J]. *Journal of Pragmatics*, 41(12): 2535 - 2556.

Eelen, G. 2001. *A Critique of Politeness Theories* [M].

Manchester: St. Jerome.

Félix-Brasdefer, J. C. 2006. Linguistic Politeness in Mexico: Refusal Strategies among Male Speakers of Mexican Spanish [J]. *Journal of Pragmatics*, 38(12):2158 - 2187.

Fraser, B. 1990. Perspectives on Politeness [J]. *Journal of Pragmatics*, 14(2): 219 - 236.

Fraser, B. 2006. Whither Politeness [A]. In Lakoff, R. T. & Ide, S. (eds.). *Broadening the Horizon of Linguistic Politeness* [C]. Amsterdam & Philadelphia: John Benjamins Publishing Company.

García, C. 2009. Congratulations and Rapport Management: A Case Study of Peruvian Spanish Speakers [J]. *Pragmatics*, 19(2): 197 - 222.

Georgakopoulou, A. 2001. Arguing about the Future: on Indirect Disagreements in Conversations [J]. *Journal of Pragmatics*, 33(12): 1881 - 1990.

Geyer, N. 2008. *Discourse and Politeness: Ambivalent Face in Japanese* [M]. London & New York: Continuum International Publishing Group.

Goethals, P. 2015. Traveling Through Languages: Reports on Language Experiences in Tourists' Travel Blogs [J]. *Multilingua*, 34(3): 347 - 372.

Gu, Y. G. 1990. Politeness Phenomena in Modern Chinese [J]. *Journal of Pragmatics*, 14(2):237 - 257.

Haugh, M. 2007. The Discursive Challenge to Politeness Research [J]. *Journal of Politeness Research*, 3 (2): 295 - 317.

He, M. & Zhang, S. J. 2011. Re-conceptualizing the Chinese Concept of Face from a Face-sensitive Perspective: A Case Study of a Modern Chinese TV Drama [J]. *Journal of Pragmatics*, 43 (9): 2360 - 2372.

He, Y. 2012. Different Generations, Different Face? A Discursive Approach to Naturally Occurring Compliment Responses in Chinese [J]. *Journal of Politeness Research*, 8(1): 29 - 51.

Hickey, L. & Stewart, M. (eds.). 2005. *Politeness in Europe* [C]. Toronto: Multilingual Matters.

Ho, V. C. K. 2011. Rapport—How the Weight It Carries Affects the Way It Is Managed [J]. *Text & Talk*, 31(2): 153 - 172.

Ho, V. 2017. Giving Offence and Making Amends: How Hotel Management Attempts to Manage Rapport with Dissatisfied Customers[J]. *Journal of Pragmatics*, 109: 1 - 11.

Holmes, J. 1995. *Women, Men, and Politeness* [M]. New York: Longman.

Holmes, J. 2014. *Power and Politeness in the Workplace* [M]. Hoboken: Taylor and Francis.

Izadi, A. 2016. Over-politeness in Persian Professional

Interactions [J]. *Journal of Pragmatics*, 102: 13 - 23.

Jansen, F. & Janssen, D. 2010. Effects of Positive Politeness Strategies in Business Letters [J]. *Journal of Pragmatics*, 42(9): 2531 - 2548.

Johnson, D. 1992. Compliments and Politeness in Peer-review Texts [J]. *Applied Linguistics*, 13(1): 51 - 71.

Kádár, D. Z. & Haugh, M. 2013. *Understanding Politeness* [M]. Cambridge: Cambridge University Press.

Kádár, D. Z. & Mills, S. (eds.). 2011. *Politeness in East Asia* [C]. Cambridge: Cambridge University Press.

Kantara, A. 2010. Impoliteness Strategies in "House M.D." [J]. *Pragmatics*, 6(2): 305 - 339.

Kariithi, F. 2016. Politeness Strategies Used by Youth in Their Language Use [J]. *Journal of Humanities and Social Science*, 21(7): 70 - 72.

Kenny, A. J. 2006. Politeness in Small Shops in France [J]. *Journal of Politeness Research*, 2(1): 79 - 103.

Kinnison, L. Q. 2017. Power, Integrity, and Mask—An Attempt to Disentangle the Chinese Face Concept [J]. *Journal of Pragmatics*, 114: 32 - 48.

Koike, D. A. 1994. Negation in Spanish and English Suggestions and Requests: Mitigating effects? [J]. *Journal of Pragmatics*, 21(5): 513 - 526.

Koutlaki, S. A. 2002. Offers and Expressions of Thanks as

Face Enhancing Acts: Tæarof in Persian [J]. *Journal of Pragmatics*, 34 (12), 1733 – 1756.

Kwarciak, B. J. 1993. The Acquisition of Linguistic Politeness and Brown and Levinson's Theory [J]. *Multilingua*, 12 (1): 51 – 68.

Labben, A. 2017. Revisiting Face and Identity: Insights from Tunisian Culture [J]. *Journal of Pragmatics*, 108: 98 – 115.

Lakoff, R. T. & Ide, S. (eds.). 2006. *Broadening the Horizon of Linguistic Politeness* [C]. Amsterdam & Philadelphia: John Benjamins Publishing Company.

Lanham, R. A. 1991. *A Handlist of Rhetorical Terms* [M]. Berkeley: University of California Press.

Lauriks, S. & Siebörger, I. & De Vos, M. 2015. "Ha! Relationships? I Only Shout at Them!" Strategic Management of Discordant Rapport in an African Small Business Context [J]. *Journal of Politeness Research*, 11 (1): 7 – 39.

Lee-Wong, S. M. 1994. Qing/Please: A Polite or Requestive Marker? Observations from Chinese [J]. *Multilingua*, 13 (4): 343 – 60.

Leech. G. 1983. *Principles of Pragmatics* [M]. London: Longman.

Leech, G. 2014. *The Pragmatics of Politeness* [M]. Oxford:

Oxford University Press.

Levinson, S. 1983. *Pragmatics* [M]. Cambridge: Cambridge University Press.

Locher, M. A. 2004. *Power and Politeness in Action: Disagreements in Oral Communication* [M]. Berlin: De Gruyter.

López, M. de la O. H. 2008. Rapport Management under Examination in the Context of Medical Consultations in Spain and Britain [J]. *Revista Alicantina de Estudios Ingleses*, 21: 57 – 86.

Meier, A. J. 1997. Teaching the Universals of Politeness [J]. *ELT Journal*, 51(1): 21 – 28.

Miller-Ott, A. E. & Kelly, L. 2017. A Politeness Theory Analysis of Cell-Phone Usage in the Presence of Friends [J]. *Communication Studies*, 68(2): 190 – 207.

Mills, S. 2003. *Gender and Politeness* [M]. New York: Cambridge University Press.

Mills, S. 2011. Discursive Approaches to Politeness and Impoliteness [A]. In Linguistic Politeness Research Group (eds.). *Discursive Approaches to Politeness* [C]. Berlin: De Gruyter Mouton.

Ogiermann, E. 2015a. Direct Off-record Requests? —"Hinting" in Family Interactions [J]. *Journal of Pragmatics*, (86): 31 – 35.

Ogiermann, E. 2015b. In/directness in Polish Children's Requests at the Dinner Table [J]. *Journal of Pragmatics*, (82): 67 - 82.

Ohashi, J. 2013. *Thanking and Politeness in Japanese: Balancing Acts in Interaction* [M]. New York: Palgrave Macmillan.

Okamoto, S. 1999. Situated Politeness: Manipulating Honorific and Non-honorific Expressions in Japanese Conversations [J]. *Journal of Pragmatics*, 9 (1): 51 - 74.

Pan, Y. L. & Kádár, D. Z. 2011. *Politeness in Historical and Contemporary Chinese: A Comparative Analysis* [M]. London & New York: Continuum.

Pan, Y. L. 2000. *Politeness in Chinese Face-to-face Interaction* [M]. Stamford, CT: Ablex Publishing Corporation.

Paramasivam, S. 2011. Rapport Management in Air traffic Control in Malaysian Aviation Discourse [J]. *Journal of Asian Pacific Communication*, 21(1) :77 - 96.

Planken, B. 2005. Managing Rapport in Lingua Franca Sales Negotiations: A Comparison of Professional and Aspiring Negotiators [J]. *English for Specific Purposes*, 24: 381 - 400.

Penman, R. 1990. Facework and Politeness: Multiple Goals in Courtroom Discourse [J]. *Journal of Language and Social Psychology*, 9 (1 - 2): 15 - 38.

Pennock-Speck, B. & Del Saz-Rubio, M. M. 2013. A

Multimodal Analysis of Facework Strategies in a Corpus of Charity Ads. on British Television [J]. *Journal of Pragmatics*, 49(1): 38 – 56.

Pizziconi, B. & Locher, M. A. (eds.). 2015. *Teaching and Learning (Im) Politeness* [C]. Berlin & Boston: De Gruyter.

Placencia, M. E. & García, C. (eds.). 2007. *Research on Politeness in the Spanish-speaking World* [C]. Mahwah: Lawrence Erlbaum.

Placencia, M. E. & Rodríguez, C. F. & Palma-Fahey, M. 2015. Nominal Address and Rapport Management in Informal Interactions among University Students in Quito (Ecuador), Santiago (Chile) and Seville (Spain) [J]. *Multilingua*, 34(4): 547 – 575.

Rendle-Short, J. 2010. "Mate" as a Term of Address in Ordinary Interaction [J]. *Journal of Pragmatics*, 42: 1201 – 1218.

Rinnert, C. & Kobayashi, H. 1999. Requestive Hints in Japanese and English [J]. *Journal of Pragmatics*, 31: 1173 – 1201.

Robles, J. S. 2011. Doing Disagreement in the House of Lords: "Talking around the Issue" as a Context—Appropriate Argumentative Strategy [J]. *Discourse and Communication*. 2: 147 – 168.

Rudanko, T. 2006. Aggravated Impoliteness and Two Ways of Speaker Intention in an Episode in Shakespeare's Timon of Athens [J]. *Journal of Pragmatics*, 38(6): 829 – 41.

Ruiz de Zarobe, L. & Ruiz de Zarobe, Y. (eds.). 2012. *Speech Acts and Politeness across Languages and Cultures* [C]. Bern: Peter Lang.

Schneider, K. P. 2012. Appropriate Behavior across Varieties of English [J]. *Journal of Pragmatics*, 44 (9): 1022 – 1037.

Scott, S. 2002. Linguistic Feature Variation within Disagreements: An Empirical Investigation [J]. *Text*, 22(2): 301 – 328.

Sheikhan, S. A. 2017. Rapport Management toward Expressing Sympathy in Persian. Linguistik online 83, 4/17-http://dx. doi. org/10. 13092/lo. 83. 3787 CC by 3. 0.

Siebold, K. & Busch, H. 2015. (No) Need for Clarity—Facework in Spanish and German Refusals [J]. *Journal of Pragmatics*, 75: 53 – 68.

Sifianou, M. 1992. *Politeness Phenomena in England and Greece: A Cross-cultural Perspective* [M]. Oxford & New York: Clarendon Press.

Sifianou, M. 2005. Indirectness and the Notion of Imposition [A]. In Kiesling, S. F. & C. B. Paulston (eds.). *Intercultural Discourse and Communication: The Essential Readings* [C]. Malden, MA: Blackwell Publishing Ltd.

Sifianou, M. 2012. Disagreements, Face and Politeness [J].

Journal of Pragmatics, 44(12): 1554 - 1564.

Spencer-Oatey, H. (eds.). 2000. *Culturally Speaking: Managing Rapport through Talk across Cultures* [M]. London & New York: Continuum.

Spencer-Oatey, H. 2002. Managing Rapport in Talk: Using Rapport Sensitive Incidents to Explore the Motivational Concerns Underlying the Management of Relations [J]. *Journal of Pragmatics*, 34(5):529 - 545.

Spencer-Oatey, H. 2008. Face, Im/politeness and Rapport [A]. In H. Spencer-Oatey (eds.). *Culturally Speaking: Culture, Communication and Politeness Theory* [C]. London & New York: Continuum (Revised edition of Spencer-Oatey 2000).

Strecker, I. A. 1988. *The Social Practice of Symbolism: An Anthropological Analysis* [M]. London: Athlone Press.

Tannen, D. 1984. Conversational Style: Analyzing Talk among Friends [M]. Norwood, NJ: Ablex Publishing Corporation.

Taylor, C. 2015. Beyond Sarcasm: The Metalanguage and Structures of Mock Politeness [J]. *Journal of Pragmatics*, 87: 127 - 141.

Taylor, C. 2016a. Mock politeness and Culture: Perceptions and Practice in UK and Italian Data [J]. *Intercultural Pragmatics*, 13 (4): 463 - 498.

Taylor, C. 2016b. *Mock Politeness in English and Italian: A*

Corpus-Assisted Metalanguage Analysis [M]. Amsterdam & Philadelphia: John Benjamins Publishing Company.

Tracy, K. 1990. The Many Faces of Facework [A]. In Giles, H. & Robinson W. P. (eds.). *Handbook of Language and Social Psychology* [C]. Chichester: John Wiley and Sons.

Tsuzuki, M. ,Takahashi, K, et al. 2006. Selection of Linguistic Forms for Requests and Offers: Comparison between English and Chinese [A]. in Lakoff, R. T. & Ide, S. (eds.). *Broadening the Horizon of Linguistic Politeness* [C]. Amsterdam & Philadelphia: John Benjamins Publishing Company.

Watts, R. J. 1992. Linguistic Politeness and Politic Verbal Behaviour: Reconsidering Claims for Universality [A]. In Watts, R. J. , Ide, S. & Ehlich, K. (eds.). *Politeness in Language Studies: in Its History, Theory and Practice* [C]. Berlin: Mouton De Gruyter.

Watts, R. J. 2003. *Politeness* [M]. Cambridge: Cambridge University Press.

Watts, R. J. , Ide, S. & Ehlich, K. 1992/2005. (eds.). *Politeness in Language: Studies in its History, Theory and Practice* [C]. Berlin: Mouton De Gruyter.

Webber, P. 1997. From Argumentation to Argument [J]. *Asp: La revue du GERAS.* (15 - 18): 439 - 450.

Yang, W. X. 2007. On Pragmatic Information in Learners'

Dictionaries, with Particular Reference to LDOCE4 [J]. *International Journal of Lexicography*, 20(2): 147 - 173.

Yang, W. X. , Yang, Z. L. &. Storm-Carroll, M. C. 2015. Implicit Conflict Talk: An Introduction [A]. *GSTF Journal on Education*, 3(1): 82 - 92.

Yazdania, M. , Allamib, H. &. Samimic, F. 2014. Rapport Management Approach to Condolence: EFL Learners Vs. Native Persians [J]. *Procedia-Social and Behavioral Sciences*, 98:1931 - 1939.

Yu, M. C. 2003. On the Universality of Face: Evidence from Chinese Compliment Response Behaviour [J]. *Journal of Pragmatics*, 35(10 - 11): 1679 - 1710.

Zhan, K. D. 1992. *The Strategies of Politeness in the Chinese Language* [M]. Berkeley: University of California.

Zhu, Weihua. 2014a. Managing Relationships in Everyday Practice: The Case of Strong Disagreement in Mandarin [J]. *Journal of Pragmatics*, (64): 85 - 101.

Zhu, Weihua. 2014b. Rapport Management in Strong Disagreement: An Investigation of a Community of Chinese Speakers of English [J]. *Text & Talk*, 34(5): 641 - 664.

Zhu, Wuhan. 2017. A Cross-cultural Pragmatic Study of Rapport Management Strategies in Chinese and English Academic Upward Request Emails [J]. *Language and Intercultural Communication*, 17(2): 210 - 228.

陈倩、薛嫒.2017.网络互动语境中干预及其关系取向的语用研究[J].外语教学,38(1):61-66.

陈新仁.2009.新编语用学教程[M].北京:外语教学与研究出版社.

陈新仁.2018a.语用身份论[M].北京:北京师范大学出版社.

陈新仁.2018b.言语交际者关系管理模式新拟[J].外语教学理论与实践,(3):5-12.

陈新仁、李捷.2018.基于关系管理模式的同伴反馈话语研究——以课堂学术研讨为例[J].天津外国语大学学报(1):2-11.

陈望道.2001.修辞学发凡[M].上海:上海教育出版社.

何自然、陈新仁.2004.当代语用学[M].北京:外语教学与研究出版社.

何自然、冉永平.2002.语用学概论(修订本)[M].长沙:湖南教育出版社.

何自然、张新红.2001.语用翻译:语用学理论在翻译中的应用[J].现代外语,24(3):285-293.

胡春雨、范琳琳.2016.商务交际中的冲突性话语研究[J].外语教学,37(2):12-16.

胡欣裕.2012.礼貌策略与《红楼梦》冲突性言语行为中的零代词[J].红楼梦学刊,(4):174-184.

刘晓玲.2011.人际关系管理理论视角下《红楼梦》委婉语语用研究[D].上海外国语大学.

马文.2007.会话中的回指修正研究[M].济南:山东大学出版社.

冉永平.2010.冲突性话语趋异取向的语用分析[J].现代外语,33

(2):150-157.

冉永平.2012.人际交往中的和谐管理模式及其违反[J].外语教学,33(4):1-17.

冉永平、刘玉芳.2011.非攻击性话语引发的冲突回应探析[J].外语学刊,162(5):65-69.

冉永平、张新红.2007.语用学纵横[M].北京:高等教育出版社.

孙小春、陈新仁.2017.试探礼貌翻译的对等观——基于国家标准程式语语料的翻译研究[J].外语电化教学,178:40-43.

孙致祥.2003.汉英翻译中的礼貌等值[J].中国翻译,24(6):20-22.

王爱华.2001.英汉拒绝言语行为表达模式调查[J].外语教学与研究,33(3):178-187.

文军.1992.英语修辞格词典[Z].重庆:重庆大学出版社.

谢朝群、何自然.2005.质疑"礼貌策略说"和"礼貌规范说"[J].福建师范大学学报(哲社版),(3):43-47.

许艳玲.2017.隐性冲突话语研究[D].华中科技大学.

徐英.2003.外语课堂教师礼貌情况调查分析[J].外语教学与研究,35(1):62-68.

杨文秀.2005.英汉学习词典中的语用信息研究[M].上海:上海译文出版社.

袁周敏.2016.关系管理理论及其运作[J].中国外语,1:41-47.

曾庆茂.2007.英语修辞鉴赏与写作[M].上海:同济大学出版社.

周凌、张绍杰.2013.表达的明示性:汉语言文化特性的"面子"[J].外语教学,34(3):22-26.

周凌、张绍杰.2015.国外面子研究的最新动态[J].外国语,38(3)：75-82.

朱武汉.2016.跨文化语用学研究范式之检讨及变革刍议[J].外国语,39(2):48-59.

庄美英.2011.隐性回击——应对言语冒犯的语用策略分析[J].长春大学学报,(8):90-91.

索　引

致　谢

　　十余年的苦苦思索，无数个日子的挑灯夜战，终于看到了即将出版的文稿。回忆整个研究过程，我衷心感谢那些支持、鼓励、帮助我的人们！

　　感谢美国 University of Wisconsin-Madison 的 Richard F. Young 教授。第一次见到他，是在华中师范大学的课堂上。作为华师聘请的海外"楚天学者"，Prof. Young 不仅科研成果受到学界的广泛关注，而且教学生动有趣。他联系语言的实际运用幽默地讲解语用学理论，课堂上时而发出同学们的阵阵笑声。我慕名而去，试探着问他是否接受访问学者。出乎我意料，他欣然应允。后来更令我感到惊奇的是，原来他是英国人，硕士毕业于我曾访学一年的英国 University of Reading。若不是 Prof. Young 为我提供了 University of Wisconsin-Madison 访学半年的宝贵机会，我不知道自己多年来围绕隐性礼貌策略所作的思考何时才有时间付诸文字。在我访学期间，Prof. Young 对我的学术指导与帮助自不必说。他还与他的夫人——老北京人何玲玲老师一起，在生活上给予了我无微不至的关怀。他们尽最大努力为我创造了良好的条件，让我心无旁骛地投入研究之中。同时，他们也给不少来自中国和其他国家的留美学生提供了生活上的方便与多方面的关照。从他们身上，我看到了中西文化的完美融合。

我对语用学的兴趣源于博士论文的写作。记得 2002 年我选择了研究学习词典中的语用信息这个问题后，我的导师——南京大学的张柏然教授很是肯定。后来，研究进展不顺，我想打退堂鼓，请求导师批准，先生以幽默的话语隐蔽地拒绝了我。在先生的鼓励下，我以博士论文的开题报告申请到国家留学基金委的资助，于 2003 年 9 月到英国访学一年。2004 年 6 月毕业后，博士论文由上海译文出版社出版，2007 年获武汉市第十次社科优秀成果奖。在博士论文基础上的进一步研究发表在词典学界的权威期刊、牛津大学出版社主办的《国际词典学刊》(*International Journal of Lexicography*)上。是先生一路的导引与鼓励，我才得以在语用学理论与学习词典的编纂之间架起一座桥梁。如今面对书稿，仿佛看见先生又在给我指点迷津；忽又意识到先生已驾鹤西去，不觉一阵悲痛……

博士毕业后，我对语用学的兴趣与日俱增，逐步将视线完全转向了这个生命力旺盛的学科。如果说是张柏然先生把我领进了学术殿堂，可以说是陈新仁教授让我在里领略到了语用学的光芒。陈教授学识渊博，为人谦和，如师如友。我初涉语用学时的诸多问题，都是在他那里得到解答的。我博士毕业论文中有关语用学的部分，他认真批改，更正多处不当提法。如今，他已是中国逻辑学会语用学专业委员会的会长、国际期刊 *East Asian Pragmatics* 的主编、国内外语言学界的知名学者，却一如既往地"扶贫帮困"，在百忙之中对本书提出了宝贵意见，并欣然作序。感激之情，无以言表。

　　自从十年前我开始关注隐性礼貌策略及相关问题后,我的学生们也与我一起在这个领域耕耘播种,亦小有收获:博士生许艳玲完成了毕业论文"隐性冲突话语研究";硕士生熊苒苒、赵珍、本科生龚涵嫣等也在此领域完成了她们的毕业论文。感谢我可爱的学生们! 他们陪我一路艰难跋涉,为此书搜集了大量的语料。离开这些丰富的语料,我所有的思考只能是无米之炊……尤其值得一提的是,龚涵嫣同学不仅提供了《红楼梦》中的语料,而且将此书稿从头至尾认真地校对一遍,对一些文字表述提出了自己的看法。如今在香港城市大学攻读硕士学位的她,是我在大学从教三十年来所教过的最为优秀的本科生。

　　我也感谢华中科技大学外国语学院和英文系的领导和同事们! 在自己的教学和科研任务十分繁忙的情况下,王树槐、黄洁等老师想方设法为我搜寻资料;刘毅、张武德等老师接替了我在美期间的教学工作;郭晶晶、王群等老师帮我处理与教学相关的事务……他们的热情令我在寒冬里倍感温暖,鞭策我闻鸡起舞、不敢懈怠。

　　第二本专著出版之时,不觉已是知天命之年。回首人生,感恩父母。孩提时,父母就一遍又一遍地教我礼貌地使用语言。或许,他们早已把"礼貌"二字深深地刻进了我的心灵……